ORACIONES QUE DERROTAN A LOS DEMONIOS Y ROMPEN MALDICIONES

JOHN ECKHARDT

CASA CREACIÓN

A STRANG COMPANY

La mayoría de los productos de Casa Creación están disponibles a un precio con descuento en cantidades de mayoreo para promociones de ventas, ofertas especiales, levantar fondos y atender necesidades educativas. Para más información, escriba a Casa Creación, 600 Rinehart Road, Lake Mary, Florida, 32746; o llame al teléfono (407) 333-7117 en Estados Unidos.

Oraciones que derrotan a los demonios/Oraciones que rompen maldiciones por John Eckhardt
Publicado por Casa Creación
Una compañía de Strang Communications
600 Rinehart Road
Lake Mary, Florida 32746
www.casacreacion.com

En *Oraciones que derrotan a los demonios*:
Traducción y edición por: pica6 con la colaboración de Raúl García Corona y Salvador Eguiarte D.G.

En *Oraciones que rompen maldiciones*:
Traducción y edición: Grupo Nivel Uno

Originally published in the U.S.A. under the title: *Prayers That Rout Demons/Prayers That Break Curses*
Published by Charisma House, A Strang Company, Lake Mary, FL 32746 USA
Copyright © 2010 John Eckhardt

Copyright © 2011 por Casa Creación

Oraciones que derrotan a los demonios de John Eckhardt fue publicado por separado por Casa Creación, ISBN 978-1-59979-439-6, copyright © 2009. Todos los derechos reservados.

Oraciones que rompen maldiciones de John Eckhardt fue publicado por separado por Casa Creación, ISBN 978-1-59979-591-1, copyright © 2010. Todos los derechos reservados.

Director de diseño: Bill Johnson

Library of Congress Control Number: 2011920399
ISBN: 978-1-61638-325-1

11 12 13 14 15 * 7 6 5 4 3 2 1
Impreso en los Estados Unidos de América

LIBRO 1

ORACIONES QUE DERROTAN A LOS DEMONIOS

JOHN ECKHARDT

CASA CREACIÓN
A STRANG COMPANY

índice

I. Conéctese con la fuente de poder

II. Prepárese para enfrentar al enemigo

III. CONFRONTE LAS TÁCTICAS DEL ENEMIGO

IV. DESTRUYA LAS FUERZAS DEL ENEMIGO

V. Experimente liberación y derramamiento

PRÓLOGO

PRIMERO, QUIERO AGRADECER a nuestro Señor y Salvador Jesucristo por haber dado al apóstol John Eckhardt tanta osadía y amor por su pueblo. En los años en que he conocido al apóstol Eckhardt, me he dado cuenta de que es un hombre que ama a Dios y a su pueblo, ha sido fiel al Señor, a su familia y al ministerio, y he observado cómo ha añadido a la revelación de la Palabra de Dios y al conocimiento de la liberación. El apóstol Eckhardt nunca ha hecho concesiones ni ha tenido miedo de predicar la verdad aun cuando otros pastores no mencionen estos temas por miedo a perder miembros en sus iglesias o dinero, ya que su interés es que el pueblo de Dios sea libre.

Durante varios años, muchas personas me han dicho que el apóstol Eckhardt los ha ayudado en muchas áreas de sus vidas, hay muchos testimonios en Estados Unidos y en todo el mundo sobre personas que están siendo liberadas a través de su ministerio. Él ha escrito varios libros y ha grabado numerosas cintas y discos que han ayudado a las personas a ser libres de situaciones aparentemente sin solución. Personalmente, puedo decir que el ministerio del apóstol Eckhardt ha sido una bendición para mí.

El apóstol Eckhardt tiene una unción especial, además de sabiduría, que le ha permitido reunir tantas oraciones de guerra con el objeto de ilustrar y armar al Cuerpo de Cristo. El impacto de este libro es poderoso y es un hecho que lo ayudará en cualquier área de su vida. A veces, la gente está atada por maldiciones o hechicería y no sabe cómo ser libre, y dado que la mayoría de los cristianos no son conscientes de las maldiciones que afectan sus vidas, el libro del apóstol Eckhardt las revela junto con la manera de romperlas y de atar al enemigo. Este libro le brindará oraciones para romper toda fortaleza demoníaca en su vida, y, al leerlas, será liberado de la hechicería, las maldiciones y la idolatría mediante el poder de Dios para también recibir sanidad en su vida. Este libro trata de los recursos a su disposición para derrocar los poderes de las tinieblas y de los principados, así como para romper las maldiciones tanto en su nación como en su tierra. De la misma forma, esas oraciones llegarán a las zonas oscuras de su vida, con el fin de que Dios pueda usarlo de maneras cada vez mayores. Después de romper la maldición, el apóstol Eckhardt le enseñará cómo hacer que se derramen bendiciones sobre usted y su familia. Si alguna vez ha deseado el fuego de Dios en su vida, este libro le enseñará cómo liberar el fuego del Dios vivo para predicar, profetizar, sanar a los enfermos y echar fuera demonios.

Este libro es lectura obligada para todo creyente.

Ruth Brown
Autora de *Destroying the Works of Witchcraft
Through Fasting & Prayer*
(*Destruya las obras de la hechicería a través del ayuno y la
oración*)

Introducción

ORACIONES PARA DESTRUIR *demonios* combina la oración y la confesión de la Palabra de Dios para penetrar toda oposición demoníaca. Orar y confesar la Palabra son dos de las armas más poderosas que están en manos de los creyentes y usted podrá ser testigo de un gran derramamiento del poder de Dios cuando combine ambas.

Comencé a escribir estas oraciones mientras estudiaba la Palabra de Dios. El Espíritu Santo me reveló muchas partes de la escritura que debían ser desatadas mediante la oración. Así comencé a ver claramente el plan de Dios para los creyentes y la manera en que el enemigo quería detener ese plan. El Señor me enseñó la importancia de orar con la Palabra de Dios para vencer la resistencia espiritual hacia el plan de Dios para mi vida.

Estas oraciones se han fraguado durante varios años y nacieron de la guerra y la liberación espirituales; provienen de años de experiencia en el ministerio hacia personas y naciones. El Espíritu Santo me ha ayudado a entender muchas partes de las Escrituras así como la manera de usarlas en oración.

Se presentan referencias bíblicas para la mayor parte de las oraciones contenidas en este libro. Basamos nuestras oraciones en la Palabra, pues la Palabra de Dios lo inspirará a orar, y las promesas de Dios lo motivarán a ello. Dios nos ha dado muchas preciosas y grandísimas promesas que heredamos a través de la fe (Hebreos 6:12).

Hay muchos creyentes a quienes se les dificulta orar, muchos dicen que no saben cómo hacerlo, algunos se han sentido desanimados en la oración. Este libro lo ayudará a aprender cómo orar con revelación y autoridad, estas oraciones están diseñadas para dar fruto. Hemos recibido muchos testimonios de personas que entran a un nuevo nivel dentro de sus vidas de oración mediante el uso de estas oraciones escritas, que tienen el propósito de ser sencillas a la vez que poderosas.

Hay muchos tipos diferentes de oraciones en este libro, y como se nos dice que oremos "con toda oración y súplica" (Efesios 6:17), estas oraciones expandirán su capacidad de orar. Usted orará de maneras diferentes a las que acostumbra, lo cual lo ayudará a superar las limitaciones de su vida de oración actual.

La oración es una de las maneras en las que desatamos la voluntad de Dios en la tierra. Debemos estudiar la Palabra de Dios para saber cuál es su voluntad, por esto, la oración y la Palabra deben estar combinadas. Daniel pudo orar efectivamente porque conocía la palabra de Dios con relación a su pueblo (Daniel 9:2-3).

Debemos orar con entendimiento (1 Corintios 14:15), pues el entendimiento de la voluntad de Dios nos ayudará a orar correctamente. La Palabra de Dios es su voluntad y debemos entenderla para no ser insensatos, sino entendidos (Efesios 5:17). La oración también nos ayuda a caminar con perfección y plenitud en toda la voluntad de Dios (Colosenses 4:12).

En la lengua está el poder de la vida y de la muerte (Proverbios 18:21), las palabras adecuadas son eficaces (Job 6:25). Las palabras que decimos son espíritu y vida (Juan 6:63), pero podemos quedar enredados en las palabras que salen de nuestra boca. Tenemos que articular los pensamientos que vienen de Dios al orar y confesar su Palabra (Isaías 55:8). La Palabra de Dios desatada a través de nuestra boca hará que su poder se manifieste en nuestras vidas.

Las palabras son útiles para transmitir nuestros pensamientos y las palabras de Dios son los pensamientos de Dios; la mente de Dios se manifiesta cuando oramos y confesamos su Palabra. Los pensamientos de Dios son de paz y de prosperidad (Jeremías 29:11), pensamientos que están ideados para llevarnos al fin que esperamos.

Jesús nos enseñó que nuestra fe se manifiesta mediante nuestras palabras, mismas que si están llenas de fe pueden mover montañas (Marcos 11:23). No hay nada imposible para quienes creen. Nuestra fe es una llave para ver milagros y para observar grandes logros de una manera constante. Recibiremos lo que sea que pidamos en oración, si creemos (Mateo 21:22).

La Palabra de Dios está cerca de nosotros, en nuestra boca y en nuestro corazón, es la Palabra de fe (Romanos 10:8). La boca y el corazón tienen un vínculo pues hablamos de la abundancia de nuestro corazón y la Palabra de Dios en nuestro corazón saldrá por la boca. La fe que hay en el corazón se manifestará a través de la boca. Dios procura que su Palabra se lleve a cabo (Jeremías 1:12).

Se nos exhorta a clamar al Señor y Él nos ha prometido mostrarnos cosas grandes y poderosas (Jeremías 33:3). El Señor se deleita en responder nuestras oraciones y antes de que clamemos, Él responderá (Isaías 65:24). Los oídos del Señor están atentos a las oraciones de los justos (1 Pedro 3:12) y las oraciones de los justos pueden mucho (Santiago 5:16). También se nos dice que oremos sin cesar (1 Tesalonicenses 5:17).

Nuestro Dios escucha las oraciones y toda carne debe dirigirse a Él en oración (Salmos 65:2). Este libro está dirigido a creyentes de todas las naciones, pues todos los creyentes enfrentan desafíos similares que deben vencer. Dios no hace acepción de personas, Él está cerca de todos los que claman a Él (Salmos 145:19).

Clamar al Señor trae salvación y liberación de nuestros enemigos (Salmos 18:3) y esto siempre ha sido una clave para la liberación. Usted puede orar para liberarse a sí mismo de cualquier situación adversa, pues el Señor es su ayudador y no rechazará su oración (Salmos 66:20) ni tampoco la despreciará (Salmos 102:17) porque Dios se deleita en la oración de los justos (Proverbios 15:8).

Hemos recibido las llaves del Reino (Mateo 16:19) con lo cual tenemos la autoridad de atar y desatar. *Atar* significa restringir, detener, obstaculizar, apresar, poner en jaque, contener, parar, poner un alto, y *desatar* significa desamarrar, desanudar, desencadenar, rescatar, soltar, perdonar o liberar. Las llaves representan la autoridad para cerrar (atar) o abrir (desatar). La oración y la confesión son dos de las maneras en las que utilizamos esta autoridad para atar las obras de las tinieblas entre las cuales están el malestar, la enfermedad, el dolor, la hechicería, la pobreza, la muerte, la destrucción, la confusión, la derrota y el desánimo. Podemos soltarnos nosotros mismos y a los demás de las obras de la oscuridad lo cual tendrá como resultado una mayor libertad y prosperidad.

Atar y desatar nos ayudará en el área de la liberación para poder soltarnos de muchas situaciones mediante el uso de nuestra autoridad, también podemos liberar a otras personas si oramos estas oraciones. Jesús vino a destruir las obras del diablo y vino para que pudiéramos tener vida en abundancia.

Los creyentes deben saber obrar con la misma autoridad y poder que Jesús le dio a sus discípulos sobre todos los demonios (Mateo 10:1). Estamos sentados con Cristo en los lugares celestiales muy por encima de todo principado y potestad (Efesios 1:20; 2:6). Los creyentes pueden utilizar esta autoridad al confesarla y orar. Tenemos la autoridad para hollar serpientes y escorpiones (Lucas 10:19) y Jesús nos prometió que nada nos haría daño.

Muchos creyentes sufren innecesariamente porque no logran ejercer su autoridad.

Estas oraciones están destinadas a los creyentes que aborrecen las obras de las tinieblas (Salmos 139:21), ¿Usted aborrece todo camino de mentira (Salmos 119:104)? ¿Quiere ver cambios en su iglesia, su región y su nación? Usted es un rey con el poder de cambiar las regiones geográficas (Eclesiastés 8:4). El temor a Dios es aborrecer el mal (Proverbios 8:13).

Las oraciones contenidas en este libro están ideadas para demoler fortalezas. La Palabra de Dios es como un martillo que rompe la piedra en pedazos (Jeremías 23:29). Necesitamos oraciones poderosas para destruir las fortalezas, oraciones para quienes deseen ver grandes progresos en sus vidas personales a la vez que en sus ciudades, sus regiones y sus naciones. Con el paso de los años se han escrito varios libros sobre oración, pero creo que el presente es único en su sencillez y revelación.

Satanás fue derrotado en la cruz, los principados y potestades han sido despojados (Colosenses 2:15) y nosotros hacemos valer esa victoria mediante nuestras oraciones, estamos ejecutando la sentencia escrita. Este honor le ha sido dado a todos sus santos quienes han poseído el Reino (Daniel 7:18), lo cual significa que tenemos autoridad junto con el Rey para hacer crecer el Reino de Cristo sobre las naciones.

David fue un rey que comprendía el papel de la oración para la victoria; él venció a sus enemigos en muchas ocasiones porque oraba pidiendo su derrota y Dios le respondió. Nosotros podemos tener los mismos resultados sobre nuestros enemigos espirituales. Nuestra lucha no es contra carne y sangre; nosotros debemos vencer principados y potestades con la armadura de Dios, debemos tomar la espada del Espíritu y orar con toda oración (Efesios 6:12-18).

Las oraciones de David terminan en el Salmo 72:20, el cual culmina pidiendo que toda la tierra sea llena con la gloria de Dios. Y ese es el objetivo de la oración, creemos que la tierra será llena con el conocimiento de la gloria del Señor como las aguas cubren el mar (Habacuc 2:14); esa es nuestra meta. Seguiremos orando para que se cumpla esta promesa y veremos el crecimiento del Reino de Dios y la destrucción de los poderes de las tinieblas mediante nuestras oraciones. El avivamiento y la gloria están en aumento, y nuestras oraciones son como gasolina para el fuego.

SECCIÓN 1

CONÉCTESE CON LA FUENTE DE PODER

NUESTRA FUENTE DE poder es el Espíritu Santo y la palabra de Dios. Nos edificamos en la fe cuando confesamos la Palabra de Dios y estamos más confiados cuando la entendemos y caminamos en su revelación. La oración nos conecta a la fuente de poder, nos conecta a Dios y permite que su poder fluya hacia nosotros en toda situación.

La salvación es la base de la guerra, el nuevo nacimiento es una necesidad, pero, además, el creyente necesita estar lleno del Espíritu Santo. ¿Usted ha nacido de nuevo? ¿Sabe que es salvo más allá de toda duda? Los creyentes deben llevar vidas santas sometidas al Espíritu Santo, se nos ordena caminar en el Espíritu porque así tendremos asegurada la victoria y lograremos grandes avances para los demás; podemos castigar toda desobediencia cuando nuestra obediencia sea completa. Jesús echó fuera demonios a través del Espíritu Santo y el Espíritu Santo fue la fuente de su poder y su sabiduría.

Esta sección de oraciones nos enseñará cómo conectarnos a la fuente de poder (El Espíritu Santo y la Palabra de Dios); sin embargo, no son para personas religiosas, pues no son rezos que se vuelvan efectivos simplemente por recitarlos. Estas oraciones son para creyentes nacidos de nuevo que deseen ver crecer el Reino de Dios.

Se nos dice que nos fortalezcamos en el Señor y en el poder de su fuerza (Efesios 6:10), debemos caminar y luchar con su fuerza, lo cual requiere humildad y una dependencia total en el Señor, no podemos confiar en nuestra propia fuerza, no podemos permitir que el orgullo abra la puerta a la destrucción.

El Señor es un hombre de guerra (Éxodo 15:3) que peleará nuestras batallas, y de cuyo poder, dirección, Palabra y Espíritu dependemos, por ello, no puedo dejar de recalcar lo necesaria que es la humildad, pues Dios da gracia a los humildes.

El Señor es la fuerza de mi vida, lo cual me da la capacidad de vencer al miedo; en Él pondré mi confianza. Lo anterior fue la clave de las victorias de David, un rey que sabía como depender del Señor, gracias a lo cual ganó muchas batallas y venció a todos sus enemigos.

El Señor le enseñó a David cómo librar la guerra (Salmos 144:1) y de la misma manera Él le enseñará a usted a pelear, pero debe depender de Él. Las oraciones y estrategias contenidas en este libro son producto de años de lucha y confianza en Dios. Dios nos enseñó como hacer la guerra usando su Palabra, y el Espíritu Santo abrió nuestros ojos a grandes verdades, pero aún estamos aprendiendo.

Dios fue la fuente de poder de David, quien confesó que el Señor era su fuerza. David fue un hombre de oración y alabanza que disfrutaba la presencia de Dios y su presencia fue la fuente del gozo y la fortaleza del rey cuyos cantos fueron armas proféticas poderosas en contra del enemigo. No hay sustituto para una vida de alabanza y adoración, todo creyente debe pertenecer a una iglesia que sea fuerte en este terreno.

Hay muchos grandes guerreros que están siendo entrenados en la escuela del Espíritu Santo, son personas humildes que tuvieron que depender de Dios para lograr avances en sus vidas y quienes aprendieron a través de la experiencia y, a veces, a través del fracaso. Si clamamos a Él, al igual que estos grandes guerreros de Dios, Él nos mostrará cosas grandes y poderosas.

La Palabra de Dios es la espada del Espíritu, y las espadas se utilizan en la guerra. El Señor le enseñará a usar esta espada, misma que deberá emplear contra los enemigos espirituales de su alma. Usted podrá ver grandes victorias si la emplea correctamente. La mayor parte de las oraciones en este libro tienen referencias bíblicas, lo animo a que busque los versículos y medite en ellos. La Palabra de Dios es nuestra fuente de sabiduría: nosotros obramos en la sabiduría de Dios para vencer el poder del infierno.

Confesar la Palabra de Dios es una parte importante de la vida espiritual de cada creyente; de hecho, al cristianismo se le llama *la gran confesión*. La salvación viene al confesar con la boca y la boca está vinculada al corazón. La Palabra de Dios emitida con su boca quedará sembrada en su corazón. La fe se hace patente desde la boca y la boca solamente habla lo que hay en el corazón y esta fe del corazón que se emite a través de la boca puede mover montañas.

Dios es la fuente de todas nuestras victorias y logros, es la fuente de nuestra sabiduría y nuestras estrategias y su Palabra es la fuente de nuestro entendimiento de la guerra en la que nos encontramos. Nuestra guerra se origina en los cielos, nosotros atamos lo que ya ha sido atado en los cielos y desatamos lo que ya ha sido desatado en los cielos.

Dios nos ha iluminado con respecto a muchos pasajes bíblicos durante los años en que hemos estado involucrados en la liberación y la guerra espiritual, y dichas porciones de la escritura han sido invaluables para poder experimentar avances importantes. La Palabra de Dios es un cofre del tesoro lleno de sabiduría y conocimiento; contiene una revelación abundante para todos los creyentes. Todo el que desee disfrutar de la libertad y la victoria debe estudiar la Palabra de Dios y pedir revelación.

Uno de mis grupos favoritos de oraciones que se encuentran en esta sección son las llamadas "oraciones para pedir revelación". Cuando comencé a orarlas, los resultados fueron dramáticos, comencé a ver verdades en la Palabra de Dios que nunca antes había visto. La revelación es la clave de la autoridad. Pedro recibió las llaves del Reino después de recibir la revelación de que Jesús era el Cristo (Mateo 16:16).

Dios ha prometido que nos gozaremos en la casa de oración (Isaías 56:7); la casa de Dios es llamada *casa de oración* para todas las naciones. Creo que no solamente debemos orar, sino también disfrutar de la oración. El gozo del Señor es nuestra fuerza y la oración debe dar como fruto milagros y bendiciones abundantes. Quienes disfruten los resultados de la oración disfrutarán de una vida emocionante.

CONFESIONES

Ningún arma forjada contra mi prosperará, y condenaré toda lengua que se levante contra mí en juicio (Isaías 54:17).

Con justicia seré adornado; estaré lejos de la opresión (Isaías 54:14).

Porque las armas de nuestra milicia no son carnales, sino poderosas en Dios para la destrucción de fortalezas (2 Corintios 10:4).

Tomo el escudo de la fe y apago todos los dardos de fuego del maligno (Efesios 6:16).

Tomo la espada del Espíritu, que es la Palabra de Dios y la uso en contra del enemigo (Efesios 6:17).

Fui redimido de la maldición de la ley, soy redimido de la enfermedad, soy redimido de la muerte espiritual (Gálatas 3:13).

Venceré sobre todo porque mayor es Él que está en mí que el que está en el mundo (1 Juan 4:4).

Estoy firme, ceñidos mis lomos con la verdad, y vestido con la coraza de justicia, y calzado los pies con el calzado del evangelio de la paz. Tomo el escudo de la fe. Y tomo el yelmo de la salvación, y la espada del Espíritu, que es la palabra de Dios (Efesios 6:14-17).

Soy libre de la potestad de las tinieblas, y trasladado al Reino de su amado Hijo (Colosenses 1:13).

Tengo potestad de hollar serpientes y escorpiones, y sobre toda fuerza del enemigo, y nada me dañará (Lucas 10:19).

No he recibido espíritu de cobardía, sino de poder, de amor y de dominio propio (2 Timoteo 1:7).

Soy bendito con toda bendición espiritual en los lugares celestiales en Cristo (Efesios 1:3).

Fui curado por las llagas de Jesús (Isaías 53:5).

Mi mano está en el cuello de mis enemigos (Génesis 49:8).

Unges mi cabeza con aceite, mi copa está
rebosando. El bien y la misericordia me seguirán
todos los días de mi vida (Salmo 23:5-6).

He sido ungido para predicar, enseñar,
sanar y echar fuera demonios.

Recibo la abundancia de la gracia y del don de la justicia
y reino en vida por Cristo Jesús (Romanos 5:17).

Tengo vida y la tengo en abundancia (Juan 10:10).

Camino en luz, como Él está en luz y la sangre de Jesucristo
su Hijo nos limpia de todo pecado (1 Juan 1:7).

Soy la justicia de Dios en Cristo (2 Corintios 5:21).

Soy cabeza y no cola (Deuteronomio 28:13).

Declararé una cosa y será firme en mi vida (Job 22:28).

Tengo gracia para con Dios y los hombres (Lucas 2:52).

Bienes y riquezas hay en mi casa, y mi justicia
permanece para siempre (Salmos 112:3).

Seré saciado de larga vida, y Dios me
mostrará su salvación (Salmos 91:16).

Habito bajo el abrigo del Altísimo y vivo a la
sombra del Omnipotente (Salmos 91:1).

No me sobrevendrá mal ni plaga tocará mi morada (91:10).

Todos mis hijos serán enseñados por Jehová y se
multiplicará la paz de mis hijos (Isaías 54:13).

Soy fortalecido en el hombre interior por su Espíritu (Efesios 3:16).

Estoy cimentado y arraigado en amor (Efesios 3:17).

Bendigo a mis enemigos de carne y hueso y
venzo el mal con el bien (Mateo 5:44).

ORACIONES PARA PEDIR BENDICIÓN Y FAVOR

Señor, bendíceme y guárdame, haz resplandecer tu
rostro sobre mí y ten de mí misericordia, alza sobre
mí tu rostro y dame paz (Números 6:24-26).

Hazme como a Efraín y a Manasés (Génesis 48:20).

Sáciame de favores y lléname de la bendición
del Señor (Deuteronomio 33:23).

Dios, derrama tus bendiciones sobre mi vida.

Revélame y bendíceme (Mateo 16:17).

Soy la semilla de Abraham por medio de Jesucristo y recibo la
bendición de Abraham. Señor, bendíceme con esa bendición y
multiplícame como las estrellas del cielo o como la arena del mar.

Haz descender tus lluvias de bendición
sobre mi vida (Ezequiel 34:26).

Transforma cualquier maldición pronunciada en
mi contra, en bendición (Nehemías 13:2).

Que tu bendición me enriquezca (Proverbios 10:22).

Que todas las naciones me llamen
bienaventurado (Malaquías 3:12).

Que todas las generaciones me llamen
bienaventurado (Lucas 1:48).

Soy hijo del Bendito (Marcos 14:61).

Vivo en el Reino del Bendito (Marcos 11:10).

Mis pecados son perdonados y soy bienaventurado (Romanos 4:7).

Señor, todos los días me colmas con beneficios (Salmos 68:19).

Soy escogido de Dios y soy bendecido (Salmos 65:4).

Mi simiente es bendita (Salmos 37:26).

Dame por heredad la tierra (Salmos 37:22).

Soy parte de una nación santa, y soy bendecido (Salmos 33:12).

Dios, bendice mi final más que mi principio (Job 42:12).

Señor que tu presencia bendiga mi vida (2 Samuel 6:11).

Bebo de la copa de la bendición (1 Corintios 10:16).

Señor bendíceme y haz resplandecer tu rostro sobre mí, para que sea conocido en la tierra tu camino, y tu salvación sobre todas las naciones. Que aumenten los frutos de mi tierra y que los confines de la tierra te teman (Salmo 67).

Sé que me favoreces porque mis enemigos no han triunfado sobre mí (Salmos 41:11).

Señor, favorece mi tierra (Salmos 85:1).

Señor, dame vida y favor (Job 10:12).

En tu favor, Señor, haz que mi montaña permanezca firme (Salmos 30:7).

Señor, imploro tu favor (Salmos 45:12).

Con tu buena voluntad acrecienta nuestro poder (Salmos 89:17).

Señor, ha llegado mi tiempo de misericordia (Salmos 102:13).

Recuérdame, oh Señor, con el favor que das a tus hijos y visítame con tu salvación (Salmos 106:4).

Suplico tu misericordia de todo corazón (Salmos 119:58).

Que tu favor esté sobre mi vida como nube de lluvia tardía (Proverbios 16:15).

Que tu belleza sea sobre mi vida y lléname de favor (Génesis 29:17).

Soy muy favorecido (Lucas 1:28).

Señor, concédeme un favor extraordinario.

Oraciones para recibir revelación

Eres el Dios que revela los secretos, Señor,
revélame tus secretos (Daniel 2:28).

Revélame lo secreto y lo profundo (Daniel 2:22).

Permíteme entender secretos mantenidos desde
la fundación del mundo (Mateo 13:35).

Que se rompan los sellos de tu Palabra (Daniel 12:9).

Déjame entender y recibir revelación de tu
voluntad y tu propósito para mi vida.

Dame el espíritu de sabiduría y revelación y que sean
abiertos los ojos de mi entendimiento (Efesios 1:17).

Déjame entender las cosas celestiales (Juan 3:12).

Abre mis ojos para atestiguar las maravillas
de tu Palabra (Salmos 119:18).

Permíteme conocer y entender los misterios
del Reino (Marcos 4:11).

Déjame hablar revelación a otros (1 Corintios 14:6).

Revela tus secretos a tus siervos los profetas (Amós 3:7).

Que lo oculto se haga manifiesto (Marcos 4:22).

Esconde tus verdades de los sabios y entendidos
y revélalas a los niños (Mateo 11:25).

Que tu brazo se revele en mi vida (Juan 12:38).

Revélame lo que me pertenece (Deuteronomio 29:29).

Que tu Palabra me sea revelada (1 Samuel 3:7).

Que tu gloria se revele en mi vida (Isaías 40:5).

Que tu justicia se revele en mi vida (Isaías 56:1).

Permite que reciba visiones y revelaciones
del Señor (2 Corintios 12:1).

Dame revelaciones en abundancia (2 Corintios 12:7).

Que sea un buen mayordomo de tus revelaciones (1 Corintios 4:1).

Que hable del misterio de Cristo (Colosenses 4:3).

Dame tu sabiduría oculta y que pueda entenderla (1 Corintios 2:7).

No ocultes de mí tus mandamientos (Salmos 119:19).

Que hable la sabiduría de Dios en misterio (1 Corintios 2:7).

Dame a conocer el misterio del evangelio (Efesios 6:19).

Hazme conocer el misterio de tu voluntad (Efesios 1:9).

Abre tu enigma con el arpa (Salmos 49:4).

Hazme entender tus parábolas, las palabras de
los sabios y sus enigmas (Proverbios 1:6).

Señor, enciende mi lámpara e ilumina
mis tinieblas (Salmos 18:28).

Vuelve ante mí las tinieblas en luz (Isaías 42:16).

Dame los tesoros escondidos y los secretos
muy guardados (Isaías 45:3).

Que tu lámpara alumbre sobre mi cabeza (Job 29:3).

Mi espíritu es lámpara del Señor que escudriña lo
más profundo del corazón (Proverbios 20:27).

Hazme entender lo profundo de Dios (1 Corintios 2:10).

Que pueda entender tus pensamientos profundos (Salmos 92:5).

Que mis ojos se iluminen con tu Palabra (Salmos 19:8).

Mis ojos son bendecidos para ver (Lucas 10:23).

Que todas las cataratas y escamas espirituales
sean removidas de mis ojos (Hechos 9:18).

Ayúdame a ser capaz de comprender con todos los
santos cual es la anchura, la longitud, la profundidad
y la altura de tu amor (Efesios 3:18).

Que mi conciencia me enseñe en las noches y que despierte con revelaciones (Salmos 16:7).

ORACIONES RELACIONADAS CON LOS CIELOS

Estoy sentado en lugares celestiales en Cristo, por encima de todo principado, potestad, poder y dominio (Efesios 1:3).

Tomo mi lugar en los cielos y ato los principados y potestades que obran contra mi vida, en el nombre de Jesús.

Rompo y reprendo todo plan en los cielos que obre en mi contra a través del sol, la luna, las estrellas y las constelaciones.

Ato y reprendo toda fuerza impía que obre en mi contra a través de la Estrella de la mañana, las Pléyades, el Orión y la Osa mayor (Job 38:31-32).

Ato y reprendo a todas las deidades y demonios que obran a través de la luna, en el nombre de Jesús (2 Reyes 23:5).

Ato a las deidades y demonios que obran a través del sol, en el nombre de Jesús (2 Reyes 23:5).

Ato a todas las deidades y demonios que obran a través de las estrellas y planetas, en el nombre de Jesús (2 Reyes 23:5).

El sol no me dañará de día ni la luna de noche (Salmos 121:6).

Los cielos fueron creados como una bendición para mi vida.

Recibo la lluvia y las bendiciones del cielo sobre mi vida, en el nombre de Jesús.

Oro porque los ángeles sean enviados a hacer guerra en contra de cualquier espíritu en los cielos enviado para bloquear la respuesta a mis oraciones (Daniel 10:12-13).

Ato al príncipe de la potestad del aire, en el nombre de Jesús (Efesios 2:2).

Oro porque las ventanas de los cielos sean
abiertas sobre mi vida (Malaquías 3:10).

Oro por que el cielo sea abierto y ato toda interferencia
demoníaca de los cielos, en el nombre de Jesús.

Que los poderes malignos del cielo sean sacudidos,
en el nombre de Jesús (Mateo 24:29).

Que de los cielos caiga rocío sobre mi vida (Deuteronomio 33:28).

Inclina tus cielos y desciende, oh Señor (Salmos 144:5).

Que los cielos se abran sobre mi vida y
déjame ver visiones (Ezequiel 1:1).

Sacude los cielos y llena mi casa con tu gloria (Hageo 2:6-7).

Truena en los cielos en contra del enemigo,
oh Señor (Salmos 18:13).

Que los cielos destilen en la presencia de Dios (Salmos 68:8).

Que los cielos alaben tus maravillas, oh Señor (Salmos 89:5).

Muestra tus maravillas en los cielos (Joel 2:30).

Cabalga sobre los cielos y da tu poderosa
voz, oh Señor (Salmos 68:33).

Que tu multiforme sabiduría sea dada a conocer
a las potestades en los cielos (Efesios 3:10).

ORACIONES PARA MULTIPLICAR Y AUMENTAR

Desata toda limitación y restricción impuesta a mi vida
por cualquier espíritu maligno, en el nombre de Jesús.

Yo ato y echo fuera todos los espíritus de pitones
y constrictores, en el nombre de Jesús.

Dame bendición y ensancha mi territorio, que tu mano
esté conmigo y líbrame del mal (1 Crónicas 4:10).

Echa fuera a mis enemigos y ensancha mi territorio (Éxodo 34:24).

Señor, tú has prometido ensanchar mi territorio (Deuteronomio 12:20).

Ensancha mi corazón para que pueda ir por el camino de tus mandamientos (Salmos 119:32).

Mi boca es ensanchada sobre mis enemigos (1 Samuel 2:1).

Ensancha mis pasos para que pueda recibir tu riqueza y prosperidad (Isaías 60:5-9).

Recibo liberación y ensanchamiento para mi vida (Ester 4:14).

El Señor aumentará más y más para mí y mis hijos (Salmos 115:14).

Que tu Reino y tu imperio se incrementen en mi vida (Isaías 9:7).

Que aumente mi conocimiento de Dios (Colosenses 2:19).

Oh Señor, bendíceme y multiplícame (Isaías 51:2).

Multiplícame en abundancia (Génesis 30:43).

Hazme crecer con el crecimiento de Dios (Colosenses 2:19).

Hazme crecer y abundar en amor (1 Tesalonicenses 3:12).

Aumenta mi grandeza y consuélame en todo aspecto (Salmos 71:21).

Déjame crecer en estatura y sabiduría (Lucas 2:52).

Aumenta mi fuerza y confunde a los adversarios (Hechos 9:22).

Que tu gracia y favor aumenten en mi vida.

Que se prolonguen los días de mi vida (Proverbios 9:11).

Que la palabra de Dios crezca en mi vida (Hechos 6:7).

Bendíceme en todo lo que produzca (Deuteronomio 14:22).

Que aumenten mis ofrendas y mis diezmos (Deuteronomio 14:22).

Que mi estado final sea muy grande (Job 8:7).

Hazme crecer en gracia y en el conocimiento
de Jesucristo (2 Pedro 3:18).

Floreceré como una palmera y creceré como
un cedro de Líbano (Salmos 92:12).

Que mi fe crezca abundantemente (2 Tesalonicenses 1:3).

El que abre caminos subirá delante de mí; abrirá camino
sobre toda limitación y barrera del enemigo (Miqueas 2:13).

Señor, tú eres el Dios que quebranta, tú has
quebrantado a mis enemigos (2 Samuel 5:20).

Mis ramas crecen sobre todo muro erigido
por el enemigo (Génesis 49:22).

Puedo desbaratar ejércitos y saltar muros (Salmos 18:29).

Que mi linaje vaya por toda la tierra y mis palabras
al extremo del mundo (Salmos 19:4).

Soy heredero junto con Jesucristo, dame por herencia las
naciones y como posesión los confines de la tierra (Salmos 2:8).

RENUNCIAS

Renuncio a toda lujuria, perversión, inmoralidad, suciedad,
impureza y pecado sexual, en el nombre de Jesús.

Renuncio a toda brujería, hechicería, adivinación
y prácticas ocultas, en el nombre de Jesús.

Renuncio a todo vínculo impío en mi alma y toda
relación inmoral, en el nombre de Jesús.

Renuncio a todo odio, ira, resentimiento, venganza,
represalia, rencor y amargura, en el nombre de Jesús.

Perdono a toda persona que me haya lastimado, decepcionado,
abandonado, tratado mal o rechazado, en el nombre de Jesús.

Renuncio a toda adicción a las drogas, al alcohol o a toda
sustancia legal o ilegal que me haya atado, en el nombre de Jesús.

Renuncio a todo orgullo, soberbia, arrogancia, vanidad, egolatría, desobediencia y rebelión, en el nombre de Jesús.

Renuncio a toda envidia, celos y codicia, en el nombre de Jesús.

Renuncio a todo miedo, incredulidad y duda, en el nombre de Jesús.

Renuncio a todo egoísmo, toda autocompasión, todo rechazo hacia mí mismo, todo odio hacia mí mismo así como a todo deseo de ser reconocido y de hacer mi propia voluntad, en el nombre de Jesús.

Renuncio a todo pensamiento y sistema de creencias impío, en el nombre de Jesús.

Renuncio a todo pacto, juramento y voto impío hechos por mí mismo o por mis ancestros, en el nombre de Jesús.

ORACIONES EN CRISTO

Soy llamado en Cristo (Romanos 1:6).

Soy redimido en Cristo (Romanos 3:24).

Por Cristo, reino en vida (Romanos 5:17).

Estoy vivo para Dios a través de Cristo (Romanos 6:11).

Tengo vida eterna a través de Cristo (Romanos 6:23).

Soy heredero junto con Cristo (Romanos 8:17).

Soy santificado en Cristo (1 Corintios 1:2).

Mi cuerpo es un miembro de Cristo (1 Corintios 6:15).

Tengo la victoria a través de Cristo (1 Corintios 15:57).

Triunfo en Cristo (2 Corintios 2:14).

Soy una nueva criatura en Cristo (2 Corintios 5:17).

Soy la justicia de Dios en Cristo (2 Corintio 5:21).

Tengo libertad en Cristo (Gálatas 2:4).

Soy crucificado con Cristo (Gálatas 2:20).

Estoy revestido de Cristo (Gálatas 3:27).

Soy heredero de Dios por medio de Cristo (Gálatas 4:7).

He sido bendecido con bendiciones espirituales en lugares espirituales en Cristo (Efesios 1:3).

He sido escogido en Cristo antes de la fundación del mundo para ser santo y sin culpa ante Él (Efesios 1:4).

He obtenido una herencia en Cristo (Efesios 1:11).

He sido vivificado juntamente con Cristo (Efesios 2:5).

Estoy sentado en lugares celestiales en Cristo (Efesios 2:6).

He sido creado en Cristo para buenas obras (Efesios 2:10).

Tengo seguridad y acceso en Cristo (Efesios 3:12).

Me regocijo en Cristo (Filipenses 3:3).

Prosigo a la meta del supremo llamamiento de Dios en Cristo (Filipenses 3:14).

Todo lo puedo en Cristo que me fortalece (Filipenses 4:13).

Dios suple todas mis necesidades en Cristo (Filipenses 4:19).

Cristo en mí es la esperanza de gloria (Colosenses 1:27).

Estoy completo en Cristo (Colosenses 2:10).

He muerto junto con Cristo (Colosenses 2:20).

He resucitado junto con Cristo (Colosenses 3:1).

Mi vida está escondida con Cristo en Dios (Colosenses 3:3).

Cristo es mi vida (Colosenses 3:4).

Tengo la mente de Cristo (1 Corintios 2:16).

Soy hecho partícipe de Cristo (Hebreos 3:14).

Soy guardado en Cristo (Judas 1:1).

ORACIONES Y DECLARACIONES DEL REINO

Venga tu Reino, hágase tu voluntad (Mateo 6:10).

Que tu Reino crezca y se establezca a través de la predicación, la enseñanza y la sanidad (Mateo 4:23).

Que las puertas de mi vida y de mi ciudad se abran para que entre el Rey de gloria (Salmos 24:7).

Señor, tú reinas, tú estás vestido de poder y majestad. Tu trono es firme desde que existe el mundo, tú eres para siempre (Salmos 93:1-2).

Señor, tú eres un gran rey por encima de todos los dioses (Salmos 95:3).

Que todas las naciones escuchen que el Señor reina (Salmos 96:10).

Señor, tú reinas, que tiemblen los pueblos, que la tierra se conmueva (Salmos 99:1).

Señor, tú has preparado tu trono en los cielos y tu Reino domina sobre todo (Salmos 103:19).

Que los hombres bendigan al Señor en todos los lugares de su señorío (Salmos 103:22).

tu Reino es eterno y tu imperio perdura por las generaciones (Salmos 145:13).

Que los hombres hablen de la gloria de tu Reino y hablen de tu poder (Salmos 145:11).

Que los hombres conozcan tus hechos poderosos y la gloriosa majestad de tu Reino (Salmos 145:12).

Que tu Reino venga con liberación (Mateo 12:22).

Que el evangelio del Reino sea predicado en mi Región con señales y maravillas.

Padre, recibo el Reino porque es tu deleite dármelo (Lucas 12:32).

Que la justicia, la paz y el gozo del Reino se establezcan en mi vida (Romanos 14:17).

Que los reinos del mundo se vuelvan reinos de nuestro Señor y de su Cristo (Apocalipsis 11:15).

Que los santos posean el Reino (Daniel 7:22).

Trastorna los tronos de los reinos malvados (Hageo 2:22).

Presérvame para tu Reino celestial (2 Timoteo 4:18).

Que se manifieste el cetro de tu Reino (Hebreos 1:8).

Busco primero el Reino de Dios y su justicia y todo lo demás me vendrá por añadidura (Mateo 6:33).

Desmenuza y consume cada señorío demoníaco que se oponga a tu Reino (Salmos 72:8).

Que todo dominio te sirva y te obedezca, oh Señor (Daniel 7:27).

ORACIONES PARA QUE SE MANIFIESTE EL FUEGO DE DIOS

Tu trono, oh Señor es como una llama encendida (Daniel 7:9).

Eres el Dios que responde con fuego (1 Reyes 18:24).

El fuego va delante de ti, oh Señor y abrasa a tus enemigos (Salmos 97:3).

Señor, libera tu fuego y quema las obras de las tinieblas.

Bautízame con el Espíritu Santo y fuego (Lucas 3:16).

Que tu fuego esté en mis manos para sanar a los enfermos y echar fuera demonios.

Que tu fuego queme en mis ojos, mi corazón, mis entrañas, mi boca y mis pies.

Que tu fuego esté en mi lengua para predicar y profetizar.

Recibo lenguas de fuego.

Que tu palabra sea predicada con fuego (Jeremías 23:29).

Hazme un ministro de fuego (Hebreos 1:7).

Libérame con tu fuego (Salmos 18:13).

Que tu fuego me proteja y me cubra (Éxodo 14:24).

Libero el fuego de Dios para que queme los ídolos de la tierra (Deuteronomio 7:5).

Que las obras de la brujería y el ocultismo se quemen en tu fuego (Hechos 19:19).

Purifícame con tu fuego (Malaquías 3:2).

Que tu fuego se libere en Sion (Isaías 31:9).

Que los espíritus de la lujuria y la perversión sean destruidos con tu fuego (Génesis 19:24).

Que se manifieste el espíritu abrasador para consumir las obras de las tinieblas (Salmos 140:10).

Que tu llama consuma a los espíritus malignos (Salmos 106:18).

Que tu gloria encienda una hoguera como ardor de fuego (Isaías 10:16).

Haz oír tu potente voz, y haz ver el descenso de tu brazo, con llama de fuego consumidor, con torbellino, tempestad y piedra de granizo (Isaías 30:30).

Que Babilonia sea como mala hierba que tu fuego consuma. Que no puedan salvarse del poder de la llama (Isaías 47:14).

Señor, ven y reprende a tus enemigos con llamas de fuego (Isaías 66:15).

Que toda carne vea tu fuego manifestarse (Ezequiel 20:48).

Crea de noche un resplandor de fuego que eche llamas (Isaías 4:5).

Que el fuego de tu presencia se manifieste en mi vida (Salmos 97:5).

Que los demonios queden al descubierto y sean
echados con tu fuego (Hechos 28:3).

Deja caer tus rayos sobre el enemigo (Salmos 78:48).

Despide tus relámpagos y dispersa al enemigo (Salmos 144:6).

Que tu luz sea por fuego y tu santo por llama que consuma
los cardos y espinas en mi vida (Isaías 10:17).

ORACIONES PARA MANDAR A LA MAÑANA, AL DÍA Y A LA NOCHE

Ordeno a la mañana que asga los confines de la tierra
y que sacuda de ella a los malvados (Job 38:12).

Tendré domino sobre el diablo en la mañana (Salmos 49:14).

Señor, haz alegrar las salidas de la mañana (Salmos 65:8).

Recibo tu misericordia cada mañana (Salmos 143:8).

Libera la belleza de tu santidad desde el
vientre de la mañana (Salmos 110:3).

Que tu luz entre en mi vida como el alba (Salmos 58:8).

Que tus juicios lleguen sobre el enemigo
todas las mañanas (Isaías 28:19).

Señor, tu salida esté dispuesta como el alba, te
rogamos que vengas a nosotros como la lluvia, lluvia
tardía y temprana a la tierra (Oseas 6:3).

Señor, tú me visitas cada mañana (Job 7:18).

Señor, tú me despiertas mañana a mañana, tú despertarás
mi oído para que oiga como los sabios (Isaías 50:4).

No temeré a la saeta que vuele de día o al
terror nocturno (Salmos 91:5).

Señor, muestra tu salvación en mi vida de día a día (Salmos 96:2).

Ato a la lechuza, en el nombre de Jesús (Isaías 34:14).

Ato todo ataque contra mi vida en la noche.

Toma autoridad sobre todo demonio que sea liberado contra mí y mi familia por la noche.

Que la marea de la mañana turbe a los enemigos que quieran atacar mi vida, en el nombre de Jesús (Isaías 17:12-14).

Ato y reprendo todo Espíritu que quiera escabullirse de noche en mi contra (Salmos 104:20).

Ato y reprendo a la pestilencia que camina en la oscuridad (Salmos 91:6).

Descansaré de noche, por que el Señor me dará el sueño.

Que tus ángeles me guarden y me protejan de noche.

Señor, líbrame en la noche (Hechos 12:6-7).

Que mi conciencia me enseñe en las noches (Salmos 16:7).

Tu canción estará conmigo en la noche (Salmos 42:8).

Meditaré en ti en las vigilias de la noche (Salmos 19:2).

Recibo tu fidelidad cada noche (Salmos 92:2).

Ato y reprendo a todo espíritu vampirezco, en el nombre de Jesús (Levítico 11:19).

Ato y reprendo a todo íncubo y súcubo que me quiera atacar de noche, en el nombre de Jesús.

Ato y tomo autoridad sobre toda pesadilla y sueño demoníaco por la noche, en el nombre de Jesús.

Estoy sobre mi guarda noches enteras (Isaías 21:8).

PARA QUE SE MANIFIESTE LA ESPADA DEL SEÑOR

Desato la espada del Señor en contra de las potestades
del infierno, en el nombre de Jesús (Jueces 7:18).

Afilaré mi reluciente espada y tomaré venganza
del enemigo (Deuteronomio 32:41).

Ciñe tu espada sobre tu muslo y cabalga con tu
gloria y majestad por la tierra (Salmos 45:3).

Que tus enemigos caigan por la espada (Salmos 63:10).

Que los sirios caigan con la espada (Isaías 31:8).

Desato la espada del Señor en contra de leviatán (Isaías 27:1).

Envía a tus ángeles con espadas ardientes
para luchar mis batallas en los cielos.

Desato la espada de dos filos para ejecutar
la sentencia (Salmos 149:6).

Libera la espada de tu boca en contra del
enemigo (Apocalipsis 19:15).

PARA QUE SE MANIFIESTEN LAS FLECHAS DEL SEÑOR

Desato la flecha de la liberación del Señor
en mi vida (2 Reyes 13:17).

Desato tus flechas filosas hacia el corazón de
los enemigos del Rey (Salmos 45:5).

Labra y lanza tus flechas en contra de
quienes me persiguen (Salmos 7:13).

Lanza tus flechas y dispersa al enemigo (Salmos 18:14).

Pon a mis enemigos en fuga con flechas puestas
sobre tus cuerdas (Salmos 21:12).

Lanza tus flechas y destrúyelos (Salmos 144:6).

Haz discurrir tus rayos [flechas] (Salmos 77:17).

Lanza flechas de luz al reino de la oscuridad (Habacuc 3:11).

Amontona males sobre ellos y emplea en ellos tus flechas (Deuteronomio 32:23).

Hiérelos de repente con tus flechas (Salmos 64:7).

Que tu flecha vaya como rayo en contra del enemigo (Zacarías 9:14).

Rompe sus huesos y atraviésalos con tus flechas (Números 24:8).

Hiere a tus enemigos con tus flechas (Salmos 64:7).

Pon a tus enemigos como blancos para tus flechas (Lamentaciones 3:12).

Limpia tus flechas y desata tu venganza sobre mis enemigos (Jeremías 51:11).

PARA ROMPER MALDICIONES Y ECHAR FUERA ESPÍRITUS GENERACIONALES

Soy redimido de la maldición de la ley (Gálatas 3:13).

Rompo toda maldición generacional de orgullo, lujuria, perversión, rebelión, brujería, idolatría, pobreza, rechazo, miedo, confusión, adicción, muerte y destrucción, en el nombre de Jesús.

Ordeno a todos los espíritus generacionales que entraron a mi vida durante mi concepción, en el vientre, en el canal del parto y a través del cordón umbilical a que salgan, en el nombre de Jesús.

Rompo toda maldición y palabra negativa que yo haya hablado sobre mi vida, en el nombre de Jesús.

Rompo toda maldición y palabra negativa que haya sido
hablada sobre mi vida por otras personas, incluyendo
aquellas en autoridad, en el nombre de Jesús.

Ordeno a todos los espíritus ancestrales de la masonería, la
idolatría, la brujería, la religión falsa, la poligamia, la lujuria y
la perversión que salgan de mi vida, en el nombre de Jesús.

Ordeno a todos los espíritus hereditarios de lujuria, rechazo,
miedo, malestar, debilidad, enfermedad, ira, odio, confusión,
fracaso y pobreza que salgan de mi vida, en el nombre de Jesús.

Rompo los derechos legales de todos los espíritus generacionales
que obran detrás de una maldición, en el nombre de Jesús,
ustedes no tienen derecho legal para obrar sobre mi vida.

Ato y reprendo a todo espíritu familiar y espíritu guía que quiera
obrar en mi vida a partir de mis ancestros, en el nombre de Jesús.

Renuncio a toda creencia y filosofía falsa heredada
por mis ancestros, en el nombre de Jesús.

Rompo toda maldición sobre mi economía que provenga
de mis ancestros que hayan engañado o hecho malos
manejos de dinero, en el nombre de Jesús.

Rompo toda maldición de malestar y enfermedad
y ordeno a todas las enfermedades heredadas que
salgan de mi cuerpo, en el nombre de Jesús.

Por medio de Jesús, mi familia es bendita (Génesis 12:3).

Renuncio a todo orgullo heredado de mis
ancestros, en el nombre de Jesús.

Rompo todo juramento, voto y pacto que mis ancestros
hayan hecho con el diablo, en el nombre de Jesús.

Rompo toda maldición hecha en secreto contra mí por
agentes de Satanás, en el nombre de Jesús (Salmos 10:7).

Rompo toda maldición escrita que pueda afectar mi vida, en el nombre de Jesús (2 Crónicas 34:24).

Rompo toda maldición designada para tener efecto en mi vida cuando adquiera cierta edad, en el nombre de Jesús.

Rompo toda maldición por la que se haya pagado a Balaam en mi contra, en el nombre de Jesús (Nehemías 13:2).

Señor, convierte en bendición toda maldición dicha en mi contra (Nehemías 13:2).

Rompo toda rebeldía generacional que me haga resistir al Espíritu Santo (Hechos 7:51).

Rompo las maldiciones de muerte habladas por las autoridades de mi nación sobre mi nación.

Rompo las maldiciones de muerte habladas en contra de mi país dichas por gente de otros naciones, en el nombre de Jesús.

PARA ANULAR PACTOS IMPÍOS

Rompo y anulo todo pacto, juramento y promesa impía que haya hecho con mis labios, en el nombre de Jesús.

Renuncio y rompo cualquier juramento impío hecho por mis ancestros hacia ídolos, demonios religiones falsas u organizaciones impías, en el nombre de Jesús (Mateo 5:33).

Rompo y anulo todo pacto con la muerte y el infierno hecho por mis ancestros, en el nombre de Jesús.

Rompo y anulo todo pacto impío hecho por mis ancestros con demonios o ídolos, en el nombre de Jesús (Éxodo 23:32).

Rompo y anulo todo pacto de sangre hecho mediante sacrificios que pueda afectar mi vida, en el nombre de Jesús.

Ordeno a todos los demonios que posean algún
derecho legal sobre mi vida mediante un pacto,
que salgan fuera, en el nombre de Jesús.

Rompo y anulo todo pacto hecho con dioses falsos y demonios
a través de prácticas ocultas y brujería, en el nombre de Jesús.

Rompo y anulo todo casamiento espiritual que pudiera permitir
a un íncubo o súcubo atacar mi vida, en el nombre de Jesús.

Rompo y anulo todo casamiento a cualquier demonio
que pudiera afectar mi vida, en el nombre de Jesús.

Rompo todo pacto con el infierno, en el
nombre de Jesús (Isaías 28:18).

Tengo un pacto con Dios a través de la sangre de
Jesucristo, estoy unido al Señor y soy un espíritu con
Él. Rompo todo pacto impío y renuevo mi pacto con
Dios a través del cuerpo y la sangre de Jesús.

Me divorcio de todo demonio que pudiera tener
algún derecho sobre mi vida mediante cualquier
pacto ancestral, en el nombre de Jesús.

Ato y echo fuera a cualquier demonio en mi
familia que pudiera entrar en mi vida a través de
pactos ancestrales, en el nombre de Jesús.

Sección 2

Prepárese para enfrentar al enemigo

Qué hacer para tener éxito en la guerra espiritual? Algunos de los requisitos son:

- *Resistencia* (2 Timoteo 2:3). La capacidad de resistir y soportar las dificultades, la adversidad o la tensión. Debemos poder resistir la los problemas para ser buenos soldados de Jesucristo.
- *Aborrecimiento* (Salmos 139:22). Una profunda repulsión, antipatía y repudio. En la guerra espiritual debemos aborrecer el mal y a los espíritus malignos.
- *Conocimiento* (2 Corintios 2:11). No debemos ser ignorantes de las tretas del Diablo.
- *Persistencia* (Salmos 18:37). La capacidad de proseguir con decisión u obstinación a pesar de la opresión, debemos ser persistentes para luchar contra el enemigo.
- *Separación* (2 Timoteo 2:14). Mantenerse apartado; ninguna persona que está en la guerra se deja enredar con los asuntos terrenales de esta vida.

Dios utiliza a personas comunes para lograr sus propósitos. Nuestra capacidad proviene de la gracia, del hecho de que todo creyente está sentado en lugares celestiales en Cristo. Su posición en Cristo está muy por encima de todo principado y potestad, usted debe saber quién es *en Cristo* y a través de Él todo lo puede.

Es importante que usted conozca su autoridad y se enfrente al enemigo con fe; no hay por qué temer, pues los demonios están sujetos a la autoridad del creyente. Jesús nos da el poder para hollar serpientes y escorpiones (Lucas 10:19) y Él nos prometió que ninguna cosa nos dañaría de ninguna manera.

A Josué se le dijo que enfrentara al enemigo (Deuteronomio 2:24) y con *enfrentar* se hablaba de llevar tropas al conflicto. Cuando usted lo haga, verá grandes victorias. Sin embargo, hay creyentes que temen al enfrentamiento, pues temen las represalias. Jesús envió a sus discípulos a enfrentar al enemigo, pues les dijo que sanaran a los enfermos y echaran fuera demonios.

Hay dos revelaciones importantes que todo creyente debe tener: comprender el *poder* y comprender la *autoridad*. La palabra que se tradujo del griego como *poder* es *dunamis* y la que se tradujo como *autoridad* es *exousia*. La autoridad es el derecho legal de utilizar el poder. Hemos recibido autoridad para usar el poder otorgado por el Espíritu Santo.

Tanto la autoridad como el poder deben usarse mediante la fe y la Palabra de Dios y no con base en los sentimientos. La fe viene de escuchar la Palabra de Dios; por ello, es importante que los creyentes asistan a iglesias que enseñen sobre el poder y la autoridad, es importante leer sobre estos temas pues la revelación en estas áreas le dará confianza para hacer oraciones como las que presentamos en este libro.

Se nos ha dado el derecho legítimo de usar el nombre de Jesús, el cual está por encima de todo nombre. La autoridad del nombre de Jesús es reconocida en el reino espiritual; por ello, echamos fuera demonios, atamos las obras de las tinieblas y enseñamos y predicamos en ese nombre.

A través del Espíritu Santo, recibimos poder (Hechos 1:8). De acuerdo con el poder que obra en nosotros, Dios puede hacer obras sobreabundantes. Jesús echó fuera demonios mediante el poder del Espíritu Santo (Mateo 12:28). Combinamos el poder del Espíritu Santo con la autoridad del nombre de Jesús para destruir al enemigo y así es como lo enfrentamos; no con nuestro propio poder y autoridad.

Los demonios reconocen el poder y la autoridad; reconocen a los creyentes que obran con esos dos elementos; y mientras más se ejerza ese poder y autoridad, más se desarrollarán dichas áreas. Es importante empezar, para lo cual lo ayudarán las oraciones de este libro.

También es importante que se asegure que sus pecados sean perdonados cuando enfrente al enemigo, pues si confesamos nuestros pecados, Él es fiel y justo para perdonarnos y limpiarnos de toda maldad (1 Juan 1:9). No confronte al enemigo con un pecado sin confesar en su vida. Hay poder en la sangre de Jesús, misma que nos limpia de todo pecado, no dé lugar al diablo, usted debe obrar con justicia y rectitud.

Somos hechos justos a través de la fe, somos la justicia de Dios en Cristo (2 Corintios 5:21). Muchos creyentes sufren de sentimientos de inferioridad y baja autoestima porque no comprenden lo que es la justicia. Ser justos nos da confianza y nos da osadía, es el cetro del reino (Hebreos 1:8), y los justos están tan confiados como un león (Proverbios 28:1).

Dios cubre nuestras cabezas en el día de la batalla (Salmos 140:7) y esa cobertura es una protección que adquirimos al someternos a Dios, a su Palabra y al Espíritu Santo como base de todo. La humildad y la sumisión son características importantes de los creyentes que entran en la guerra espiritual. Estas oraciones no son para gente rebelde, pues es importante estar sometidos a una autoridad bíblica adecuada, lo cual incluye la sumisión a líderes que sigan a Dios y que cuiden de su alma.

ORACIONES PARA PEDIR SEGURIDAD Y PROTECCIÓN DIVINA

Me cubro, cubro a mi familia y a mis
posesiones con la sangre de Jesús.

Que el fuego de Dios rodee y proteja mi vida de toda destrucción.

Que los ángeles del Señor acampen a mi
alrededor y me protejan (Salmos 34:7).

Que tu gloria sea mi armadura y que
proteja mi espalda y retaguardia.

Levántame y estaré seguro (Salmos 119:117).

El nombre de Jesús es torre fuerte, corro a
ella y estoy seguro (Proverbios 18:10).

Señor, tú me haces habitar en seguridad (Salmos 4:8).

Protégeme de los opresores (Salmos 12:5).

Permíteme habitar con seguridad en mi tierra (Levítico 26:5).

Guíame con seguridad y no tendré temor; que el
mar cubra a mis enemigos (Salmos 78:53).

Permíteme recostarme y descansar con
seguridad (Job 11:18; Isaías 14:30).

Voy a habitar en seguridad, no temeré a nada (Ezequiel 34:28).

Guárdame como la niña de tus ojos y escóndeme
bajo la sombra de tus alas (Salmos 17:8).

Estaré seguro bajo la cubierta de tus alas (Salmos 61:4).

Confiaré en la sombra de tus alas (Salmos 57:1).

Sé mi refugio de la lluvia y la tormenta (Isaías 4:6).

Sé mi refugio del viento y la tempestad (Isaías 32:2).

Pon mi cabeza a cubierto en el día de la batalla (Salmos 140:7).

Cúbreme en la sombra de tu mano (Isaías 51:16).

Cúbreme con tus plumas (Salmos 91:4).

Sé mi refugio y mi fortaleza (Salmos 59:16).

Defiéndeme y libérame (Isaías 31:5).

Que tu gloria sea mi defensa (Isaías 4:5).

Ponme a salvo de quienes se levanten en
contra de mí (Salmos 59:1).

Señor, tú eres mi escudo y mi refugio (Salmos 119:114).

Señor rodéame con tu escudo de protección (Salmos 5:12).

Derríbalos, oh Señor, mi escudo (Salmos 59:11).

Que tu verdad sea mi escudo (Salmos 91:4).

Señor, tú eres mi sol y mi escudo (Salmos 84:11).

Señor, tú eres mi escudo y mi galardón será
sobremanera grande (Génesis 15:1).

No temeré a diez mil que se hayan levantado en contra
mía, porque tú eres mi escudo (Salmos 3:1-6).

Eres una torre fuerte en contra del enemigo (Salmos 61:3).

ORACIONES PARA QUE SE MANIFIESTE
EL BRAZO DEL SEÑOR

Nadie tiene un brazo como el tuyo, Señor,
lleno de fuerza y poder (Job 40:9).

Señor, tu brazo es poderoso, tu mano es fuerte
y tu diestra está en alto (Salmos 89:13).

Extiende tu brazo y redímeme, libérame
de toda servidumbre (Éxodo 6:6).

Que caiga temblor y espanto sobre el enemigo por la grandeza
de tu brazo hasta que yo haya pasado (Éxodo 15:16).

Favoréceme y que tu diestra me haga
poseedor de la tierra (Salmos 44:3).

Quebranta a Rahab y dispersa a tus enemigos
con tu brazo fuerte (Salmos 89:10).

Que tu mano me establezca y tu brazo
me fortalezca (Salmos 89:21).

Que tu diestra y tu santo brazo me den la victoria (Salmos 98:1).

Haz ver el descenso de tu brazo con llama de fuego
consumidor en contra de mis enemigos (Isaías 30:30).

Pongo mi esperanza en tu brazo (Isaías 51:5).

Despiértate, despiértate, vístete de poder, oh brazo
de Jehová; despiértate como en el tiempo antiguo,
corta a Rahab, y hiere al dragón (Isaías 51:9).

Desnuda tu santo brazo ante los ojos de todas las naciones
y que toda carne vea tu salvación (Isaías 52:10).

Haz proezas con tu brazo, esparce a los soberbios (Lucas 1:51).

Revélame tu brazo, para que conozca tu fuerza y tu poder.

Que el poder de tus manos se derrame en mi vida (Habacuc 3:4).

Para que se manifieste el poder de Dios

Señor, derrama tu poder glorioso en
contra del enemigo (Éxodo 15:6).

Que la fuerza y el poder se derramen de
tu mano (1 Crónicas 29:12).

Dispersa al enemigo con tu poder (Salmos 59:11).

Gobierna sobre tus enemigos con tu poder (Salmos 66:7).

Que el poder de tu ira se derrame en contra de
los poderes de la oscuridad (Salmos 90:11).

Desato el poder y la autoridad del Señor en contra
de todos los demonios a los que me enfrente,
en el nombre de Jesús (Mateo 10:1).

Por Dios me libero del poder de Satanás (Hechos 26:18).

Divide el mar y destruye a los espíritus marinos
por medio de tu poder (Job 26:18).

Soy fuerte en el Señor y en el poder de su fuerza (Efesios 6:10).

Haz que los poderes de la oscuridad se sometan al tuyo.

Muestra tu asombroso poder, para que los hombres crean.

Derrama tu poder en sanidad y liberación (Lucas 5:17).

Manifiesta tu voz potente (Salmos 29:4).

Hazme asombrarme con tu poder (Lucas 9:43).

Que tu gran poder se libere a través de
tus apóstoles (Hechos 4:33).

Que las señales, maravillas y milagros se derramen a
través del poder del Espíritu Santo (Romanos 15:19).

Que predique y enseñe con demostración del
Espíritu y de poder (1 Corintios 2:4).

Que tu poder obre en mí (Efesios 3:20).

Manda a tus ángeles poderosos a que peleen mis batallas
en los cielos (2 Pedro 2:11 y Apocalipsis 18:1).

Derrama el poder de Elías a través de tus profetas (Lucas 1:17).

Que esté yo dispuesto en el día de tu poder (Salmos 110:3).

Para soltar el poder de la sangre

Cubro mi mente y mis pensamientos con la sangre de Jesús.

Cubro mi puerta y mis posesiones con la
sangre de Jesús (Éxodo 12:13).

Venzo al diablo mediante la sangre de Jesús (Apocalipsis 12:11).

Rocío la sangre de Jesús y recibo gracia y
paz multiplicadas (1 Pedro 1:2).

Soy perfeccionado mediante la sangre del
pacto eterno (Hebreos 13:20-21).

Tengo libertad para entrar en la presencia de
Dios a través de la sangre (Hebreos 10:19).

Mi consciencia está limpia de obras muertas para servir
al Dios vivo por la sangre de Jesús (Hebreos 9:14).

Como el cuerpo de Jesús y bebo su sangre (Juan 6:54).

Soy redimido por la sangre de Jesús y soy
redimido del poder del mal (Efesios 1:7).

Reprendo a todos los espíritus de tormento y miedo porque
tengo paz mediante la sangre de Jesús (Colosenses 1:20).

Recibo los beneficios del nuevo pacto mediante
la sangre de Jesús (Mateo 26:28).

Recibo salud y sanidad por la sangre de Jesús.

Recibo abundancia y prosperidad por la sangre de Jesús.

Recibo liberación por la sangre de Jesús.

Recibo la plenitud y la unción del Espíritu
Santo por la sangre de Jesús.

La sangre de Jesús atestigua mi redención
y mi salvación (1 Juan 5:8).

La sangre de Jesús me limpia de todo pecado (1 Juan 1:7).

Jesús resistió hasta la sangre y su sangre
me da la victoria (Hebreos 12:4).

Reprendo y echo fuera a todo espíritu de culpa,
vergüenza y condenación por la sangre de Jesús.

Rompo el poder del pecado y la iniquidad en mi vida
mediante la sangre de Jesús (Hebreos 10:17).

Mi corazón es rociado con la sangre de Jesús y
purificado de toda mala conciencia (Hebreos 10:22).

Ato a Satanás, el acusador de nuestros hermanos,
por la sangre de Jesús (Apocalipsis 12:10).

Ordeno a todos mis acusadores que salgan
por la sangre de Jesús (Juan 8:10).

Reprendo y echo fuera a todos los espíritus de calumnia
y acusación por la sangre de Jesús (Mateo 12:10).

Desato la voz de la sangre en contra de los demonios y espíritus
malignos que me acusan y me condenan (Hebreos 12:24).

Oraciones de guerra

Señor, adiestra mis manos para la batalla y mis
dedos para la pelea (Salmos 144:1).

Señor, soy un guerrero tuyo en los últimos tiempos, úsame
como arma en contra del enemigo (2 Crónicas 11:1).

Mis armas de guerra no son de este mundo sino poderosas
en ti para la destrucción de fortalezas (2 Corintios 10:4).

Satanás, tú has perdido la guerra en los cielos (Apocalipsis 12:7).

Que todos los enemigos que hacen la guerra contra
el Cordero sean destruidos (Apocalipsis 17:14).

No hago la guerra con la carne, sino con
el espíritu (2 Corintios 10:3).

Señor, truena sobre el enemigo, da tu voz con
granizo y carbones de fuego (Salmos 18:13).

Lanza tus flechas y dispérsalos, lanza relámpagos
y destrúyelos (Salmos 18:14).

Líbrame de mi poderoso enemigo y de los que
eran más fuertes que yo (Salmos 18:17).

Libérame y llévame a un lugar espacioso (Salmos 18:19).

Soy tu martillo y tu arma de guerra (Jeremías 51:20).

Haz hecho que mis enemigos me den la espalda y los
destruiré, en el nombre de Jesús (Salmos 18:40).

Soy tu ungido y me has liberado en gran manera (Salmos 18:50).

Los moleré como polvo y los echaré como
lodo de las calles (Salmos 18:42).

Perseguí a mis enemigos y los alcancé y no
volví hasta acabarlos (Salmos 18:37).

Los herí para que no se levantaran y cayeron
bajo mis pies (Salmos 18:38).

Piso sobre el león y el áspid y hollaré al cachorro
del león y al dragón (Salmos 91:13).

Huello serpientes y escorpiones, y todo poder del
maligno, nada me dañará (Lucas 10:19).

Huello a los malvados, son cenizas debajo
de mis pies (Malaquías 4:3).

Me levantaré y desmenuzaré al enemigo (Miqueas 4:13).

Reprendo a todo jabalí del campo, en el
nombre de Jesús (Salmos 80:13).

Reprendo a toda bestia que corretee en la selva (Salmos 104:20).

Reprendo a toda bestia del bosque que
venga a devorar (Isaías 56:9).

Reprendo a todo león del bosque que venga a matar (Jeremías 5:6).

Cierro la puerta a toda rata demoníaca que pretenda
entrar a mi vida, en el nombre de Jesús (Isaías 66:17).

Ato y echo fuera a todo ladrón que quiera robar mis
finanzas, en el nombre de Jesús (Juan 10:10).

Ato y echo fuera a todo espíritu que quiera
robarse mi gozo, en el nombre de Jesús.

Ato, expongo y echo fuera a todo demonio que quiera
entrar con sigilo a mi vida (2 Samuel 19:3).

Señor, limpia mi templo y aleja a todo
ladrón de mi vida (Juan 2:14-15).

Señor, levanta una bandera en contra de toda inundación
que el diablo quiera traer a mi vida (Isaías 59:19).

Ato y echo fuera a todo espíritu familiar que quiera
obrar en mi vida, en el nombre de Jesús (Isaías 8:19).

Ato y reprendo todo demonio que quiera bloquear
mi camino, en el nombre de Jesús (Mateo 8:28).

Retiro de mi vida toda levadura de malicia
y de maldad (1 Corintios 5:8).

Reprendo y echo fuera de mi vida todo espíritu en forma
de rana, en el nombre de Jesús (Apocalipsis 16:13).

Ato y reprendo demonios en lugares altos, en
el nombre de Jesús (2 Crónicas 11:15).

Rompo toda participación con demonios a través de el pecado,
sangre o sacrificios, en el nombre de Jesús (1 Corintios 10:20).

Ordeno a todos los demonios que se alejen de mis
hijos, en el nombre de Jesús (Marcos 7:29).

Señor, exhibo a todo diablo humano en mi vida, en el nombre de Jesús (Juan 6:70).

Señor, expongo a todo hijo del diablo que quiera entrar a la iglesia (Hechos 13:10).

Que todo espíritu que se oculte de mí sea exhibido, en el nombre de Jesús (Josué 10:16).

Que toda trampa oculta dirigida hacia mí sea exhibida (Jeremías 18:22).

Me levanto en contra y reprendo toda acechanza del diablo (Efesios 6:11).

Me libero de toda trampa del diablo, en el nombre de Jesús (2 Timoteo 2:26).

No caeré en la condenación del diablo (1 Timoteo 3:6).

Señor, que ninguna doctrina del diablo se establezca en mi vida (1 Timoteo 4:1).

Anulo el poder de cualquier sacrificio hecho a los demonios en mi ciudad, región o nación, en el nombre de Jesús (Levítico 17:7).

Ato y reprendo a Moloc y a todo espíritu que haya sido enviado para que mi destino no llegue a buen término (Levítico 18:21).

Dame la fortaleza para cumplir mi destino (Isaías 66:9).

Venzo a todo espíritu del anticristo porque mayor es el que está en mí que el que está en el mundo (1 Juan 4:4-5).

Me libero de todo espíritu de error, en el nombre de Jesús (1 Juan 4:6).

Señor, no me dejes obrar en el espíritu incorrecto (Lucas 9:55).

Me libero de todo espíritu de fornicación, en el nombre de Jesús (Oseas 4:12).

Dame y déjame caminar en un espíritu superior (Daniel 6:3).

Guardaré mi espíritu todo el tiempo (Malaquías 2:15).

Ato y echo fuera todo espíritu que quiera destruir mi vida
en cualquier forma, en el nombre de Jesús (Marcos 9:20).

Señor, despierta mi espíritu para hacer tu voluntad (Hageo 1:14).

Ato y echo fuera a todo espíritu de estupor en mi
vida, en el nombre de Jesús (Romanos 11:8).

Ato y echo fuera a todo demonio de miedo y timidez,
en el nombre de Jesús (2 Timoteo 1:7).

Ato y reprendo todo espíritu de seducción que venga
contra mí, en el nombre de Jesús (1 Timoteo 4:1).

Ato y reprendo al ángel de luz, en el nombre
de Jesús (2 Corintios 11:14).

Rechazo todo ministerio apostólico falso, en
el nombre de Jesús (2 Corintios 11:13).

Rechazo todo ministerio profético falso, en
el nombre de Jesús (Mateo 7:15).

Rechazo todo ministerio falso de enseñanza,
en el nombre de Jesús (2 Pedro 2:1).

Muéstrame a todos los hermanos falsos (2 Corintios 11:26).

Rechazo la boca que habla vanidad y la
diestra de mentira (Salmos 144:8).

Rechazo toda visión falsa y toda palabra profética falsa que
haya sido manifestada sobre mi vida (Jeremías 14:14).

Yo ato a Satanás, el engañador, para que no pueda engañar
de ninguna forma en mi vida (Apocalipsis 12:9).

Ato y echo fuera todo espíritu de autoengaño,
en el nombre de Jesús (1 Corintios 3:18).

Ato y echo fuera todo espíritu de hechicería que quiera
engañarme, en el nombre de Jesús (Apocalipsis 18:23).

Señor, que ningún humano me engañe (Mateo 24:4).

Ato y reprendo toda fascinación que impida
que obedezca la verdad (Gálatas 3:1).

Pido que me sea dada palabra para dar a conocer con
denuedo el misterio del evangelio (Efesios 6:19).

Líbrame de la mano de hombres perversos
y malos (2 Tesalonicenses 3:2).

Los espíritus malignos se van de mi vida conforme
escucho y hablo la palabra (Mateo 8:16).

Reprendo, ato y echo fuera al vengativo (Salmos 8:2).

Ato y echo fuera a todo espíritu que se arrastre y que
quiera arrastrarse en mi vida (Ezequiel 8:10).

Que el martillo del perverso sea roto (Jeremías 50:23).

Renuncio a toda sabiduría terrenal, animal
y diabólica (Santiago 3:15).

Echo fuera a los demonios y termino mi obra (Lucas 13:23).

Que todo faraón que persiga mi vida sea
ahogado en el mar (Éxodo 15:4).

Reprendo a toda abeja demoníaca que quiera
rodearme, en el nombre de Jesús (Salmos 118:12).

Ato y echo fuera todo espíritu de Absalón que
quiera robarse mi corazón para apartarlo del
liderazgo ordenado por Dios (2 Samuel 15:6).

Dormiré bien y no me mantendrá despierto ningún
espíritu de inquietud o insomnio (Salmos 3:5).

Oraciones para arrancar de raíz

Que toda planta que mi Padre no haya sembrado
sea desarraigada, en el nombre de Jesús.

Golpeo con el hacha la raíz de todo árbol de maldad en mi vida.

Que toda raíz generacional impía sea cortada y sacada
de raíz de mi linaje, en el nombre de Jesús.

Que las raíces de la maldad sean como podredumbre.

Ordeno a todo árbol del mal que sea desarraigado
y echado al mar (Lucas 17:6).

Que tu fuego santo queme toda raíz impía, en
el nombre de Jesús (Malaquías 4:1).

Que la confianza del enemigo sea desarraigada (Job 18:14).

Que toda raíz de amargura sea cortada
de mi vida (Hebreos 12:15).

Que las palabras proféticas sean desatadas para
arrancar de raíz los reinos del mal (Jeremías 1:10).

Que toda persona malvada plantada en mi iglesia
sea desarraigada, en el nombre de Jesús.

Que cualquier enfermedad que haya echado raíces en
mi cuerpo sea arrancada, en el nombre de Jesús.

Que todo ministerio falso que haya echado
raíces en mi ciudad sea arrancado.

Que toda zarza y ortiga sean arrancadas de
mi vida, en el nombre de Jesús.

Que todos los espinos en mi vida sean quemados,
en el nombre de Jesús (Isaías 10:17).

Que todos los espíritus enraizados en el
rechazo salgan, en el nombre de Jesús.

Que todos los espíritus enraizados en el
orgullo salgan, en el nombre de Jesús.

Que todos los espíritus enraizados en la
rebelión salgan, en el nombre de Jesús.

Que todos los espíritus enraizados en el
miedo salgan, en el nombre de Jesús.

Que todos los espíritus enraizados en la lujuria y en
el pecado sexual salgan, en el nombre de Jesús.

Que todos los espíritus enraizados en maldiciones
salgan, en el nombre de Jesús.

Que todos los espíritus enraizados en la
brujería salgan, en el nombre de Jesús.

Que todos los espíritus enraizados en alguna parte u
órgano de mi cuerpo salgan, en el nombre de Jesús.

Oraciones en contra de Satanás (el diablo).

Satanás, el Señor te reprenda (Zacarías 3:2).

Vete de aquí Satanás, porque escrito está (Mateo 4:10).

Vete de mí Satanás, porque escrito está (Lucas 4:8).

Veo a Satanás cayendo del cielo como un rayo (Lucas 10:18).

Me deshago de toda atadura de Satanás, en
el nombre de Jesús (Lucas 13:16).

Señor, aplasta a Satanás bajo mis pies (Romanos 16:20).

Ato y reprendo a todo espíritu de Satanás que esté
estorbando, en el nombre de Jesús (1 Tesalonicenses 2:18).

Renuncio a todo enojo impío y no doy
lugar al diablo (Efesios 4:27).

Oro pidiendo vencer toda intención de Satanás
de zarandear mi vida (Lucas 22:31).

En Dios soy libre del poder de Satanás (Hechos 26:18).

Ato al ladrón para que no robe, mate o
destruya en mi vida (Juan 10:10).

Señor, retira el asiento de Satanás de mi región,
mi ciudad y mi nación (Apocalipsis 2:13).

Señor, retira toda sinagoga de Satanás de mi ciudad,
mi región y mi nación (Apocalipsis 3:9).

Ato y reprendo toda la ira del diablo dirigida
hacia mi vida (Apocalipsis 12:12).

Diablo, te resisto, huye (Santiago 4:7).

Soy sobrio y velo en contra de mi
adversario el diablo (1 Pedro 5:8).

Para reprender al enemigo

Satanás, el Señor te reprenda (Zacarías 3:2).

Que el enemigo perezca por tu represión,
oh Señor (Salmos 80:16).

Que el enemigo huya de tu reprensión, oh Señor (Salmos 104:7).

Reprendo todo viento y tempestad del enemigo
enviada en contra de mi vida (Marcos 4:39).

Reprime la reunión de gentes armadas y sus
becerros hasta que se sometan (Salmos 68:30).

Reprende a quienes vengan contra mí con estrépito
como de aguas y que huyan lejos (Isaías 17:13).

Reprende por mí al devorador (Malaquías 3:11).

Reprende al jinete y al caballo y que sean
entorpecidos (Salmos 76:6).

Reprendo todo espíritu impuro que intente
obrar en mi vida (Lucas 9:42).

Reprendo a los espíritus soberbios y malditos (Salmos 119:21).

Desato reprensiones de ira sobre el enemigo (Ezequiel 25:17).

Que el enemigo sea reprendido por el soplo del
aliento de tu nariz (2 Samuel 22:16).

Reprende al enemigo con llamas de fuego (Isaías 66:15).

Que un millar huyan a mi represión (Isaías 30:17).

Reprende todo mar que trate de cerrarse
sobre mi vida (Salmos 106:9).

Diablo, te reprendo. Calla y sal (Marcos 1:25).

Para hablar a los montes

Hablo a cada monte de mi vida y le ordeno que
sea quitado y echado al mar (Marcos 11:23).

Ordeno a todo monte económico que sea quitado
de mi vida, en el nombre de Jesús.

Que todo monte maligno escuche la voz del
Señor y sea quitado (Miqueas 6:2).

Profetizo a los montes y les ordeno escuchar la
Palabra de Dios y ser quitados (Ezequiel 36:4).

Que las montañas tiemblen ante la
presencia de Dios (Habacuc 3:10).

Contiendo contra todo monte y le ordeno
escuchar mi voz (Miqueas 6:1).

Convierto en desolación los montes de
Esaú (la carne) (Malaquías 1:3).

Levanta tu mano, oh Señor y trastorna
de raíz los montes (Job 28:9).

Ordeno a todo monte de deuda que sea quitado y echado al mar.

Señor, tú estás en contra de todo monte
de destrucción (Jeremías 51:25).

Que los montes tiemblen ante tu presencia, oh Dios (Jueces 5:5).

Convierte en soledad todo monte de maldad
en mi vida, oh Señor (Isaías 42:15).

Trillo todo monte y lo moleré, y los collados
reduciré a tamo (Isaías 41:15).

Cada monte en mi camino se convertirá en llanura (Zacarías 4:7).

Para despojar

Que los consejeros de los malos sean
despojados de consejo (Job 12:17).

Lleva despojados a los príncipes de las tinieblas (Job 12:19).

Despoja a los fuertes de corazón (Salmos 76:5).

Ato al enemigo, le quito todas sus armas
y divido el botín (Lucas 11:22).

Que Babilonia sea despojada y destruida (Jeremías 51:53).

Que los lugares altos sean despojados, en el
nombre de Jesús (Jeremías 12:12).

Señor, tú has despojado principados y
potestades (Colosenses 2:15).

Despojo al enemigo y restituyo los bienes robados,
en el nombre de Jesús (Éxodo 12:36).

Despojo las tiendas del enemigo, en el
nombre de Jesús (1 Samuel 17:53).

Despojo a quienes han intentado despojarme (Ezequiel 39:10).

El enemigo no me despojará, sino que será despojado (Isaías 33:1).

Que los palacios y las fortalezas de la oscuridad sean
saqueadas, en el nombre de Jesús (Amós 3:11).

Que los espíritus orgullosos sean asolados, en
el nombre de Jesús (Zacarías 11:3).

Desato a las langostas para que destruyan la obra de
las tinieblas, en el nombre de Jesús (Nahum 3:16).

Que las fortalezas de la oscuridad sean destruidas,
en el nombre de Jesús (Oseas 10:14).

SECCIÓN 3

CONFRONTE LAS TÁCTICAS DEL ENEMIGO

N O PODEMOS SER ignorantes con respecto a las tácticas del enemigo. El diablo es un conspirador, y una *conspiración* es un plan, un estratagema o un programa de acción. Sin embargo, podemos vencer todas las conspiraciones del maligno. La Biblia nos habla sobre las acechanzas del diablo (Efesios 6:11); es decir, sus artimañas, sus tretas o lo que es lo mismo: *trampas*.

La guerra requiere de tácticas y estrategias; los generales deben ser excelentes en esos dos aspectos, pues no se puede ganar sin estrategia. No le permita al enemigo hacer estrategias en su contra, sino más bien, vénzalas y destrúyalas mediante la oración.

Las trampas y las artimañas del diablo están ocultas, y las personas caen en ellas sin siquiera darse cuenta, pero podemos librarnos de la trampa del cazador, del cazador de almas que es Satanás. La manera de ser libres y liberar a los demás es la oración.

La principal táctica del enemigo es el engaño, pues es un mentiroso y el padre de toda mentira. La Palabra de Dios nos muestra las tácticas del enemigo, porque Dios es luz y su Palabra es luz, la cual puede hacer visible al enemigo y destruir la oscuridad.

Multitud de personas son engañadas por el enemigo, hay huestes de espíritus mentirosos y engañadores que obran bajo la autoridad de Satanás. Los espíritus incluyen a la ilusión, el engaño, la mentira, la seducción, la ceguera, el error y la artimaña. Nuestra oración puede retirarle el poder a estos espíritus engañadores y lograr que se abran los ojos de las personas.

David oró en contra de las conspiraciones de sus enemigos, los salmos están llenos de referencias a los planes de los malvados para derrocarlo, pero sus oraciones fueron la clave para destruir esos planes y traer liberación a su vida. David oró porque sus enemigos fueran dispersados, confundidos, expuestos y destruidos.

Las luchas de David fueron contra enemigos de carne y hueso, pero detrás de dichos enemigos había entidades espirituales que se oponían a su reino. Jesús debía proceder del linaje de David y sentarse sobre ese trono; por ello, David estaba luchando contra algo más allá de lo terrenal. Por medio del Espíritu Santo, David contendía en contra de los poderes de las tinieblas que estaban dispuestos para luchar en contra de la llegada del Reino de Dios

Los poderes de los que hablamos también se manifestaron a través de Herodes, quien intentó asesinar al Mesías que habría de venir, movido por los espíritus del miedo y del homicidio y usado por Satanás para tratar de abortar la llegada del Reino; sin embargo, el Espíritu Santo ya había sido desatado mediante las oraciones de David y su trono ya estaba asegurado.

Muchas de estas oraciones de guerra fueron tomadas de los salmos de David. Jesús, como Hijo de David, se sienta en su trono y las oraciones proféticas del salmista se volvieron armas en contra del intento del enemigo para detener la semilla que había sido prometida. Las victorias de David en la oración abrieron el camino para que su trono continuara. El trono de la maldad no pudo vencer al trono de la justicia.

Dios le enseñó a David y se volvió el rey guerrero cuyas victorias lograron establecer su reino; sin embargo, su victoria sobre la casa de Saúl llegó después de una larga guerra (2 Samuel 3:1), así que no se desanime en la oración, sígalo haciendo y se volverá más fuerte al tiempo que el enemigo se debilita. David consumió a sus enemigos (Salmos 18:37-40) y no regresó hasta que fueron destruidos; así, nosotros debemos ver a nuestros enemigos espirituales completamente destruidos, debemos perseguirlos, y con *perseguir* me refiero a seguir hasta vencerlos o capturarlos, de una manera hostil, pues no podemos ser pasivos cuando se trata de la guerra.

Las victorias de David prepararon el camino a Salomón, quien disfrutó de paz y prosperidad. El nombre de Salomón significa "paz", palabra que en hebreo se dice *shalom* y que además significa "prosperidad, favor, salud y bienestar". Sus victorias sobre el enemigo tendrán como resultado que *shalom* sea derramada en su vida y que en ella se manifieste la paz y la prosperidad de una manera cada vez mayor.

PARA APAGAR EL FUEGO DEL ENEMIGO

Apago con el escudo de la fe todo dardo de fuego que el enemigo lance contra mí (Efesios 6:16).

Apago todo dardo de fuego de envidia, celos, enojo, amargura e ira que sea lanzado contra mi vida, en el nombre de Jesús.

Apago todo tizón enviado por el enemigo en contra de mi vida, en el nombre de Jesús (Isaías 7:4).

Ato y reprendo todo espíritu de celos dirigido hacia mi vida, en el nombre de Jesús.

Apago todo fuego que el enemigo quisiera echar en mi santuario, en el nombre de Jesús (Salmos 74:7).

Ato y echo fuera toda serpiente de fuego lanzada en contra de mi vida, en el nombre de Jesús (Isaías 30:6).

Apago toda centella de fuego que venga de
la boca de leviatán (Job 41:19).

No seré quemado por el fuego del enemigo (Isaías 43:2).

Pasaré toda prueba de fuego enviada por el
enemigo en contra de mi vida (1 Pedro 1:7).

El enemigo no podrá quemar mi cosecha (2 Samuel 14:30).

Apago todo fuego de maldad enviado contra mi
vida, en el nombre de Jesús (Isaías 9:18).

Apago toda palabra impía hablada en contra de mi
vida, en el nombre de Jesús (Proverbios 16:27).

Apago toda antorcha que el enemigo quiera usar contra
mi vida, en el nombre de Jesús (Zacarías 12:6).

Apago todo chisme dirigido contra mi vida, en
el nombre de Jesús (Proverbios 26:20).

La flama del enemigo no arderá sobre mí (Isaías 43:2).

PARA ROMPER MALDICIONES Y QUE FLUYAN LAS BENDICIONES DE DIOS

Soy redimido de la maldición mediante la
sangre de Jesús (Gálatas 3:13).

Soy la cimiente de Abraham y su bendición es mía (Gálatas 3:14).

Escojo bendición en lugar de maldición y vida
en lugar de muerte (Deuteronomio 11:26).

Rompo y me libero de toda maldición e iniquidad
generacional como resultado de los pecados de
mis antepasados, en el nombre de Jesús.

Rompo y me libero de toda maldición en ambos
lados de mi familia por sesenta generaciones.

Rompo todas las maldiciones de la brujería, la hechicería y la adivinación, en el nombre de Jesús.

Rompo y me libero de toda maldición de orgullo y rebelión, en el nombre de Jesús.

Rompo y me libero de toda maldición de muerte y destrucción, en el nombre de Jesús.

Rompo y reprendo toda maldición de enfermedad y malestar, en el nombre de Jesús.

Rompo y me libero de toda maldición de pobreza, carencia y deuda, en el nombre de Jesús.

Rompo y me libero de toda maldición de rechazo, en el nombre de Jesús.

Rompo y me libero de toda maldición de mente dividida y esquizofrenia, en el nombre de Jesús.

Rompo y me libero de toda maldición de Jezabel y Acab, en el nombre de Jesús.

Rompo y me libero de toda maldición de divorcio y separación, en el nombre de Jesús.

Rompo y me libero de toda maldición de lujuria y perversión, en el nombre de Jesús.

Rompo y me libero de toda maldición de confusión y enfermedad mental, en el nombre de Jesús.

Rompo y me libero de toda maldición de idolatría, en el nombre de Jesús.

Rompo y me libero de toda enfermedad que pueda causar accidentes o una muerte prematura, en el nombre de Jesús.

Rompo y me libero de toda maldición de distracción y vagabundeo, en el nombre de Jesús.

Rompo y me libero de toda maldición hablada y toda palabra
negativa hablada en mi contra por otras personas y por
gente de autoridad, en el nombre de Jesús, y los bendigo.

Rompo y me libero de toda maldición que haya
provocado sobre mí mismo por palabras negativas
que hay dicho, en el nombre de Jesús.

Ordeno a todo demonio que se esconda y obre a través
de una maldición que salga, en el nombre de Jesús.

ORACIONES PARA VENCER CONSPIRACIONES SATÁNICAS Y DEMONÍACAS

Desato confusión en contra de toda conspiración
satánica y demoníaca en contra de mi vida.

Que el consejo secreto de los malvados se convierta en necedad.

Que se dispersen quienes se hayan reunido contra mí.

Envía tu rayo, oh Señor y dispersa al enemigo.

Destrúyelos, oh Señor y confunde sus lenguas (Salmos 55:9).

Ningún arma forjada en contra de mí prosperará, las puertas
y los planes del infierno no prevalecerán en mi contra.

Venzo toda estrategia del infierno en contra mía.

Toda estrategia del infierno es expuesta y sacada a la luz.

Recibo los planes de Dios para mi vida, pensamientos
de paz y no de mal, para darme el fin que espero.

Soy liberado de toda trampa y plan del
maligno en contra de mi vida.

Desato al torbellino para dispersar a
quienes conspiran en mi contra.

Que quienes planeen dañarme me den
la espalda y sean confundidos.

Que las redes que han escondido los atrapen y
que caigan en esa misma destrucción.

Ato y reprendo todo espíritu de Sanbalat y Tobías,
en el nombre de Jesús. (Nehemías 6:1-6).

Escóndeme del consejo secreto de los malignos (Salmos 64:2).

PARA VENCER Y DIVIDIR ALIANZAS DEMONÍACAS

Rompo y divido toda alianza demoníaca en
contra de mi vida, en el nombre de Jesús.

Desato la confusión sobre toda alianza demoníaca dirigida en
contra de mi vida, mi familia y mi iglesia, en el nombre de Jesús.

Divide y dispersa a los que se han unido en mi contra.

Ato y reprendo todo refuerzo demoníaco
enviado por Satanás para atacar mi vida.

Que los espíritus que gobiernan estas alianzas sean
como Oreb, Zeeb, Zeba y Zalmuna (Salmos 83:5-11).

Oh, Dios mío, hazlos como torbellinos, como
hojarascas ante el viento (Salmos 83:13).

Persíguelos con tu tempestad y atérralos
con tu torbellino (Salmos 83:15).

Que queden afrentados y turbados para siempre, que
sean deshonrados y que perezcan (Salmos 83:17).

Desata la confusión y que se ataquen los unos a los
otros, en el nombre de Jesús (2 Crónicas 20:23).

Oraciones sobre los lugares altos

Señor, tú creaste los lugares altos para tu gloria,
no dejes que el enemigo los controle.

Ato al príncipe de la potestad del aire (Efesios 2:2).

Ato a los poderes de las tinieblas que quieran controlar
las ondas radiales para transmitir suciedad violencia y
hechicería a través de los medios, en el nombre de Jesús.

Tomo autoridad sobre los príncipes de los medios,
en el nombre de Jesús (Daniel 8:20).

Ato a la maldad espiritual en los lugares altos (Efesios 6:12).

Señor, destruye a los ídolos en los lugares altos (Levítico 26:30).

Derribo los lugares altos del enemigo (Números 33:52).

Soy un rey y derribo los lugares altos, en el
nombre de Jesús (2 Reyes 18:4).

Retiro a los nehustán (objetos antiguos de Dios que habían
sido hechos ídolos) de los lugares altos (2 Reyes 18:4).

Retiro los espíritus religiosos de los lugares altos (2 Reyes 23:8).

Que el lugar alto de Tofet sea destruido (Jeremías 7:31).

Que tu fuego santo queme los lugares altos.

Que los lugares altos de la brujería sean destruidos,
en el nombre de Jesús (2 Crónicas 28:4).

Destruye toda la adoración falsa en los
lugares altos (2 Crónicas 28:25).

Que los lugares saltos sean purificados
mediante tu unción (2 Crónicas 34:3).

Retira todo ministerio falso de los lugares altos (1 Reyes 12:31).

Retira a todos los dioses extraños de los
lugares altos (2 Crónicas 14:3).

Retira todo altar satánico erigido en los
lugares altos (2 Crónicas 14:3).

Que todos los lugares altos establecidos por un gobernante
impío sean destruidos, en el nombre de Jesús (2 Reyes 23:19).

Que todos los lugares altos de Baal sean
derribados (Jeremías 19:5).

Profetizo hacia los lugares altos de la antigüedad
y despojo al enemigo (Ezequiel 36:1-3).

Que los hombres justos con tu sabiduría se sienten en los lugares
altos del gobierno de mi ciudad y nación (Proverbios 9:3).

Caminaré en los lugares altos (Habacuc 3:19).

Que todo lugar alto de maldad que no haya sido
derribado sea derribado (1 Reyes 15:14).

Hazme subir sobre las alturas de la tierra y comer de
los frutos del campo, hazme chupar la miel de la peña y
el aceite del duro pedernal (Deuteronomio 32:13).

Que todos los lugares altos edificados por mis
ancestros sean derribados (2 Reyes 18:4).

Que los altares que destruyeron nuestros padres
espirituales no sean reedificados (2 Crónicas 33:3).

Que los lugares altos sean desolados (Ezequiel 6:6).

Huello sobre los lugares altos de los
malvados (Deuteronomio 33:29).

Rompo el poder de todo sacrificio hecho
en los lugares altos (1 Reyes 3:2).

Camino en el espíritu de Josías para lidiar con
los lugares altos (2 Crónicas 34:3).

Señor, abre ríos en las alturas (Isaías 41:18).

ORACIONES SOBRE LAS PUERTAS

Permíteme poseer la puerta del enemigo por
medio de Jesús (Génesis 22:17).

Establece las puertas de alabanza en mi vida (Isaías 60:18).

Desato arietes contra las puertas del infierno (Ezequiel 21:22).

Las puertas del infierno no prevalecerán
en contra mía (Mateo 16:18).

Que las puertas de mi vida y de mi ciudad sean
abiertas para el Rey de gloria (Salmos 24:7).

Abre para mí las puertas de justicia para
que pueda entrar (Salmos 118:19).

Fortifica los cerrojos de mis puertas (Salmos 147:13).

Rompe las puertas de bronce y haz pedazos
los cerrojos de hierro (Isaías 45:2).

Abre ante mi las puertas para que pueda entrar y recibir los
tesoros escondidos y los secretos muy guardados (Isaías 45:1-3).

Reprendo a todo enemigo en las puertas (Salmos 127:5).

Que todas las puertas de mi vida y mi ciudad sean
reparadas por medio del Espíritu Santo.

Que la puerta del valle sea reparada (Nehemías 2:13).

Que la puerta de la fuente (que representa el fluir del
Espíritu Santo) sea reparada (Nehemías 2:14).

Que la puerta de las ovejas (que representa lo
apostólico) sea reparada (Nehemías 3:1).

Que la puerta del pescado (que representa al
evangelismo) sea reparada (Nehemías 3:3).

Que la puerta vieja (que representa los movimientos
del pasado) sea reparada (Nehemías 3:6).

Que la puerta del muladar (que representa la liberación) sea reparada (Nehemías 3:14).

Que la puerta de las aguas (que representa la enseñanza y la predicación) sea reparada (Nehemías 3:26).

Que la puerta del este (que representa la gloria) sea reparada (Nehemías 3:29, Ezequiel 43:1-2).

Que las aguas fluyan desde el umbral de la puerta a mi vida, pasando por mis tobillos, mis lomos y mi cuello (Ezequiel 47:1-5).

Pon piedras de carbunclo en mis puertas (Isaías 54:12).

Mis puertas estarán de continuo abiertas para recibir bendiciones (Isaías 60:11).

Ordeno que la puerta del norte, del sur, del este y del oeste en mi ciudad sean abiertas para el Rey de gloria.

Reprendo a todo enemigo que apostado en las puertas trate de evitar que entre la salvación.

Oro porque los guardas apostólicos de las puertas se levanten y tomen su lugar en mi ciudad (Lamentaciones 5:14).

Que las puertas de mi vida y de mi ciudad sean cerradas a la impureza, la brujería, las drogas, la perversión y la maldad, en el nombre de Jesús.

Oro porque las puertas de entrada en mi nación se vuelvan puertas de justicia y no de iniquidad.

Señor, levanta iglesias que, como Bet-el, sean puerta del cielo (Génesis 28:17).

Señor, levanta iglesias apostólicas que actúen como puertas para permitir la entrada de tu presencia y de tu revelación a mi región.

ORACIONES CONTRA ÍDOLOS

Que todo ídolo en mi vida o mi nación sea destruido
y quemado con tu fuego (1 Reyes 15:13).

Señor, destruye todos los ídolos de la tierra (2 Crónicas 34:7).

Que los espíritus familiares, los magos y los ídolos
sean sacados de la tierra (2 Reyes 23:24).

Confunde a los ídolos y quiebra las imágenes (Jeremías 50:2).

Que los hombres arrojen sus ídolos y se
vuelvan a ti, oh Señor (Isaías 31:7).

Renuncio a toda idolatría en mi linaje y rompo toda maldición
de idolatría, en el nombre de Jesús (2 Reyes 21:21).

Señor, saca los nombres de los ídolos de la tierra (Zacarías 13:2).

Me guardaré de los ídolos (1 Juan 5:21).

Quita totalmente a los ídolos de mi país
y de las naciones (Isaías 2:18).

Señor, expón a todos los ídolos como
vanas mentiras (Zacarías 10:2).

Renuncio a toda codicia; no serviré a lo terrenal (Colosenses 3:5).

Que Babilonia, la madre de las rameras y las abominaciones
de la tierra, caiga, en el nombre de Jesús (Apocalipsis 17:5).

Señor, limpia de la tierra la contaminación
de los ídolos (Hechos 15:20).

Rocía agua limpia sobre mí y límpiame de toda
suciedad y de todo ídolo (Ezequiel 36:25).

No me dejes errar detrás de ningún ídolo (Ezequiel 44:10).

Que los dioses falsos y los ídolos (incluyendo humanos)
sean eliminados de mi vida, en el nombre de Jesús.

No tendré otros dioses delante de ti, Señor (Éxodo 20:3).

ORACIONES PARA DESTRUIR LA OPRESIÓN

Reprendo y echo fuera todo espíritu que intente oprimirme, en el nombre de Jesús.

Jesús, tú anduviste haciendo el bien y sanando a todos los oprimidos por el diablo (Hechos 10:38).

Retiro todo el poder a los espíritus que buscan oprimirme (Eclesiastés 4:1).

Reprendo y echo fuera todo espíritu de pobreza que busque oprimirme (Eclesiastés 5:8).

Echo fuera todo espíritu de locura y confusión que intente oprimir mi mente, en el nombre de Jesús (Eclesiastés 7:7).

Señor, fortaléceme en contra de todos mis opresores (Isaías 38:14).

Señor, tú eres mi refugio de los que me oprimen (Salmos 9:9).

Libérame de los malvados que me oprimen y de los enemigos mortales que me rodean (Salmos 17:9).

Libérame de los opresores que buscan mi vida (Salmos 54:3).

Aplasta al opresor (Salmos 72:4).

Reprendo y echo fuera todo espíritu de aflicción y menoscabo y cualquier cosa que busque desanimarme, en el nombre de Jesús (Salmos 107:39).

No me abandones a mis opresores (Salmos 119:121).

Que los soberbios no me opriman (Salmos 119:122).

Libérame de la violencia de los hombres (Salmos 119:134).

Gobierno sobre mis opresores (Salmos 14:2).

Que los opresores sean consumidos en la tierra (Isaías 16:4).

Reprendo la voz del opresor, en el nombre de Jesús (Salmos 55:3).

Estoy establecido en la justicia y estoy lejos de la opresión (Isaías 54:14).

Castiga a quienes busquen oprimirme (Jeremías 30:20).

El enemigo no tomará mi herencia mediante
la opresión (Ezequiel 46:18).

Haz justicia en contra de mis opresores (Salmos 146:7).

Para romper el poder de la esquizofrenia y el doble ánimo

*(Basado en la revelación de la esquizofrenia
de Ida Mae Hammond)*

Ato y reprendo a todo espíritu que intente
distorsionar, perturbar o desintegrar el desarrollo
de mi personalidad, en el nombre de Jesús.

Rompo toda maldición de esquizofrenia y de doble
ánimo en mi familia, en el nombre de Jesús.

Ato y reprendo el espíritu de doble ánimo,
en el nombre de Jesús (Santiago 1:8).

Ato y tomo autoridad sobre los hombres fuertes del rechazo
y la rebelión y los separo, en el nombre de Jesús.

Ato y echo fuera a los espíritus del rechazo, del miedo
al rechazo y el autorechazo, en el nombre de Jesús.

Ato y echo fuera todo espíritu de lujuria, de fantasías lujuriosas,
de promiscuidad y perversidad, en el nombre de Jesús.

Ato y echo fuera todo espíritu de inseguridad y
de inferioridad, en el nombre de Jesús.

Ato y echo fuera todo espíritu de autoacusación y
confesión compulsiva, en el nombre de Jesús.

Ato y echo fuera todo espíritu de miedo al
rechazo, autocompasión, falsa compasión y falsa
responsabilidad, en el nombre de Jesús.

Ato y echo fuera todo espíritu de culpa, condenación, indignidad y vergüenza, en el nombre de Jesús.

Ato y echo fuera todo espíritu de perfeccionismo, soberbia, vanidad, egolatría, intolerancia, frustración e impaciencia, en el nombre de Jesús.

Ato y echo fuera todo espíritu de injusticia, alejamiento, berrinche, irrealidad, fantasía, de soñar despierto y de imaginación vívida, en el nombre de Jesús.

Ato y echo fuera todo espíritu de timidez, vergüenza, soledad y sensibilidad, en el nombre de Jesús.

Ato y echo fuera todo espíritu de extroversión excesiva, nerviosismo, tensión y miedo, en el nombre de Jesús.

Ato y echo fuera todo espíritu de testarudez, egoísmo y terquedad, en el nombre de Jesús.

Ato y echo fuera al espíritu de acusación, en el nombre de Jesús.

Ato y echo fuera todo espíritu de ilusión, engaño y seducción contra mí mismo, en el nombre de Jesús.

Ato y echo fuera todo espíritu de juicio, soberbia e insolencia y todo lo que impida que sea receptivo a la enseñanza, en el nombre de Jesús.

Ato y echo fuera todo espíritu de control y posesividad, en el nombre de Jesús.

Ato y echo fuera la raíz de la amargura, en el nombre de Jesús.

Ato y echo fuera todos los espíritus de odio, resentimiento, violencia, homicidio, rencor, enojo y represalia, en el nombre de Jesús.

Ato y echo fuera a los espíritus de paranoia, sospecha, desconfianza, persecución, confrontación y miedo, en el nombre de Jesús.

ORACIONES Y DECLARACIONES PARA ROMPER CON LOS PODERES DE LAS TINIEBLAS

Que los asirios sean quebrantados en mi tierra (Isaías 14:25).

Quebranta las puertas de bronce y corta los cerrojos de hierro (Isaías 45:2).

Quiebro todo yugo de mi cuello y rompo todas mis ataduras, en el nombre de Jesús (Jeremías 30:8).

Quebrántalos con vara de hierro y desmenúzalos como vasija de alfarero (Salmos 2:9).

Quebranta el brazo del malvado (Salmos 10:15).

Quiebra los dientes en sus bocas, quiebra los dientes de los leoncillos (Salmos 58:6).

Aplasta al opresor (Salmos 72:4).

Que los brazos de los malvados sean quebrantados (Salmos 37:17).

Que los cuernos de los malvados sean quebrados (Daniel 8:8).

Que los fundamentos de los malos sean quebrantados (Ezequiel 30:4).

Que los reinos de Babilonia sean quebrantados (Jeremías 51:58).

Que todos los arcos de los malvados sean quebrantados (Salmos 37:14).

Quebranto caballos y jinetes (Jeremías 51:21).

Quebranto el carro y al que en él suba (Jeremías 51:21).

Quebranto a jefes y a príncipes (Jeremías 51:23).

Que tu palabra en mi boca sea como martillo que quebranta la piedra (Jeremías 23:29).

Quebranta toda muralla edificada por el enemigo en contra de mi vida, en el nombre de Jesús (Oseas 10:2).

Que los ídolos y las imágenes de la tierra sean quebrantadas con tu poder, oh, Señor (Deuteronomio 7:5).

Rompo y anulo todo pacto demoníaco hecho por mis antepasados, en el nombre de Jesús (Isaías 28:18).

Oraciones en contra del espíritu de la destrucción

Ato y echo fuera al espíritu de Apolión (Abadón), en el nombre de Jesús (Apocalipsis 9:11).

Soy redimido de la destrucción (Salmos 103:4).

Rompo todas las maldiciones de destrucción en mi familia y en mi linaje, en el nombre de Jesús.

Renuncio a todo orgullo que pudiera abrir la puerta a la destrucción (Proverbios 16:18).

Rescata mi alma de la destrucción (Salmos 35:17).

Envía tu palabra y libérame de toda ruina (Salmos 107:20).

El destructor no puede entrar en mi casa o en mi familia, en el nombre de Jesús (Éxodo 12:23).

El destructor no puede tocar mi prosperidad (Job 15:21).

Soy libre de la destrucción que asola al medio día (Salmos 91:6).

No hay violencia ni destrucción en mis tierras (Isaías 60:18).

Entraré por la puerta estrecha y no caminaré por el camino que lleva a la destrucción (Mateo 7:13).

Ato al espíritu del amor al dinero que lleva a la destrucción (1 Timoteo 6:9-10).

Guardo mi boca para evitar la destrucción (Proverbios 18:7).

Ato y reprendo al espíritu de pobreza que lleva
a la destrucción (Proverbios 10:15).

Reprendo toda destrucción a mis puertas, en
el nombre de Jesús (Isaías 24:12).

Para cerrar brechas y vallados

Cierro toda brecha en mi vida que le pudiera dar acceso a
mi vida a Satanás y a los demonios (Eclesiastés 10:8).

Oro porque todo vallado roto en mi vida sea restaurado,
en el nombre de Jesús (Eclesiastés 10:8).

Me paro en la brecha y hago el vallado (Ezequiel 22:30).

Me arrepiento y recibo perdón por cualquier
pecado que haya abierto la puerta a que un espíritu
entre y obre en mi vida (Efesios 4:27).

Reconstruyo el muro y reparo la brecha (Isaías 58:12).

Renuncio a toda perversidad en mi lengua que pudiera hacer
una brecha, en el nombre de Jesús (Proverbios 15:4).

Cierra todas mis llagas, oh Señor (Isaías 30:26).

Que las brechas en mis muros sean reparadas,
en el nombre de Jesús (Nehemías 4:7).

Que mis muros sean de salvación y mis
puertas de alabanza (Isaías 60:18).

Oro por un vallado de protección alrededor de mi
mente, mi cuerpo, mis finanzas, mis posesiones
y mi familia, en el nombre de Jesús.

PARA DESTRUIR LOS CALDEROS (OLLAS) DEL MAL

Reprendo y echo fuera toda olla de maldad, en el nombre de Jesús (Ezequiel 11:11-12).

Reprendo y destruyo toda olla o caldero humeante que sea removido por el enemigo en contra de mi vida, ciudad o nación (Job 41:20).

Que todo caldero de maldad de mi ciudad sea quebrantado, en el nombre de Jesús.

Rompo todo caldero de brujería que sea removido por brujas y brujos, en el nombre de Jesús.

Señor, visita a todo brujo y bruja en mi nación y convéncelos de pecado, que se arrepientan, se vuelvan a ti y sean salvos.

Me libero de la olla hirviente, en el nombre de Jesús (Ezequiel 24:1-5).

Señor, sácame de en medio de todo caldero (Ezequiel 11:7).

El enemigo no comerá mi carne ni quebrantará mis huesos ni me pondrá en su caldero (Miqueas 3:3).

Señor, libérame y protégeme de toda olla de maldad, en el nombre de Jesús (Jeremías 1:13-14).

Señor, libérame de la olla hirviente de la soberbia (Job 41:31).

PARA DESTRUIR LOS YUGOS Y ALIVIAR LAS CARGAS

Retiro toda carga falsa colocada en mí por personas, líderes o iglesias, en el nombre de Jesús (1 Tesalonicenses 2:6).

Retiro toda carga pesada colocada sobre mi vida por el enemigo, en el nombre de Jesús.

Que tu unción rompa la carga del enemigo de mi cuello y que todo yugo sea destruido (Isaías 10:27).

Quita toda carga de mi hombro (Salmos 81:6).

Echo mi ansiedad sobre el Señor (1 Pedro 5:7).

Echo sobre el Señor mi carga y Él me sustentará (Salmos 55:22).

Señor, quiebra el pesado yugo del enemigo y la vara de su hombro y el cetro del opresor como en el día de Madián (Isaías 9:4).

Que todo yugo de pobreza sea destruido, en el nombre de Jesús.

Que todo yugo de enfermedad sea destruido, en el nombre de Jesús.

Que todo yugo de esclavitud sea destruido, en el nombre de Jesús (Gálatas 5:1).

Que todo yugo desigual sea roto, en el nombre de Jesús (2 Corintios 6:14).

Destruyo todo yugo y carga de religión y legalismo por parte de líderes religiosos en mi vida, en el nombre de Jesús (Mateo 23:4).

Que toda piedra pesada sea echada de mi vida, en el nombre de Jesús (Zacarías 12:3).

Pongo sobre mi vida el yugo y la carga de Jesús (Mateo 11:30).

SECCIÓN 4

DESTRUYA LAS FUERZAS DEL ENEMIGO

JESÚS VINO A destruir las obras del diablo (1 Juan 3:8); estas obras son llevadas a cabo por las fuerzas del enemigo. El reino de Satanás consiste en principados, potestades, gobernadores de las tinieblas de este siglo y huestes espirituales de maldad en las regiones celestes. Hay diferentes tipos de demonios y diferentes niveles de maldad. Podemos destruir de mañana a los impíos (Salmos 101:8) y podemos destruir a los que nos aborrecen (Salmos 18:40).

Satanás queda inutilizado cuando sus fuerzas son destruidas, y nosotros tenemos la autoridad para atar al fuerte y quitarle sus armas. El pueblo de Israel fue enviado a Canaán a destruir a diversas naciones, mismas que son imagen de los reinos que poseían la tierra, cada uno de los cuales representaba un tipo diferente de fortaleza que Dios quería que su pueblo destruyera.

Los demonios también son representados por diferentes criaturas, pues la diversidad del reino animal es una imagen de la diversidad en el reino de las tinieblas. Por ejemplo, la Biblia habla de serpientes, escorpiones, leones, chacales, becerros, zorros, lechuzas, serpientes marinas, moscas y perros. Estos representan diversos tipos de espíritus malignos que obran para destruir a la humanidad, son invisibles a los ojos físicos, pero, no obstante, son igual de reales que las criaturas naturales.

Siempre debemos recordar que hay más con nosotros que en

contra nuestra, las fuerzas de la luz son, por mucho, superiores a las de la oscuridad. Jesús es el Señor de los ejércitos y los ejércitos del cielo están luchando con los de la tierra. Desatar a los ejércitos angélicos es una estrategia importante en la guerra.

Podemos destruir y acabar con las fuerzas de las tinieblas en los cielos, en la tierra, en el mar y por debajo de la tierra. Estas fuerzas pueden obrar a través de personas, gobiernos, sistemas económicos, sistemas educativos y diferentes estructuras establecidas por los hombres. Estas fuerzas pueden obrar desde diferentes ubicaciones y en diferentes territorios.

Los ídolos que adoran los hombres están hechos a la imagen de hombres, de bestias, de cuadrúpedos, de aves y de reptiles, y detrás de los ídolos hay demonios, los cuales son espíritus malignos que se manifiestan mediante las imágenes (ídolos), quienes, además, eran caracterizados como masculinos y femeninos. Las naciones adoraban dioses y diosas, y Jezabel es un ejemplo de un principado femenino.

La Biblia utiliza palabras fuertes en lo relativo a la guerra, algunas de las cuales son:

- *Abolir*: quitar por completo, cortar, atravesar (Isaías 2:18; 2 Timoteo 1:10).
- *Vencer*: derrotar, atacar, moler, turbar, deshacer, medrar, aterrar (Jueces 9:45; 2 Reyes 13:25; Salmos 18:42; Isaías 27:12; Jeremías 46:5).
- *Quebrantar*: quebrar, cortar, desmenuzar, desposeer, aplastar, hacer pedazos, romper (Éxodo 34:13; Levítico 26:19; Salmos 2:9; 10:15; 58:6; 72:4; Eclesiastés 3:3; Isaías 45:2; Jeremías 28:4; Daniel 2:40).
- *Echar abajo*: derribar, librar con espada, cesar, echar por tierra, arrojar, humillar, hacer caer, pisotear, arrojar al infierno (Jueces 6:28, 30; Salmos 17:13; 89:44;

102:10; 147:6; Isaías 28:2; Jeremías 8:12; Daniel 7:9; 8:10; 2 Corintios 4:9; 10:5; 2 Pedro 2:4).

- *Echar fuera:* ocupar sacando a los dueños anteriores y poseer su lugar, arrojar, echar, echar delante de, vomitar, lanzar fuera (Éxodo 34:24; Levítico 18:24; Deuteronomio 6:19; 1 Reyes 14:24; 2 Reyes 16:3; Job 20:15; Salmos. 5:10; Mateo 12:28; Marcos 6:13; Lucas 9:40; Juan 12:31; Apocalipsis 12:9).

- *Perseguir:* seguir con una intención hostil, hacer huir, ahuyentar (Levítico 26:7-8; Deuteronomio 32:30; Salmos 18:37; 35:3; Isaías 17:13).

- *Confundir:* avergonzar, afrentar, turbar, avergonzar (Salmos 35:4, 26; 40:14; 70:2, 13, 24; 83:17; 97:7; 109:29; 129:5; Jeremías 17:18; 50:2).

- *Consumir:* perecer, disipar como humo, dejar de ser, matar (Deuteronomio 7:16, 22; Salmos 37:20; 71:13; 104:35; 2 Tesalonicenses 2:8; Hebreos 12:29).

- *Contender:* entrar en guerra, tener contienda, defender, reprender (Deuteronomio 2:24; Isaías 41:12; 49:25; Jeremías 12:5; Judas 9).

- *Destruir:* desechar, abominar, castigar, derribar, asolar, desarraigar, exterminar, hacer temblar, arrancar, arruinar, matar, deshacer (Levítico 26:30, 44; 20:17; 31:3; Salmos 5:6, 10; 18:40; 21:10; 28:5; 52:5; 55:9; 74:8; 101:8; 144:6; Proverbios 15:25; Isaías 23:11; Jeremías 1:10; Mateo 21:41; Marcos 1:24; 9:22; Juan 10:10; 1 Juan 3:8).

- *Pelear:* disputar, contender, combatir (Éxodo 14:14; 17:9; Deuteronomio 1:30; Josué 10:25; Jueces 1:1, 3, 9; Salmos 35:1; 144:1; Daniel 10:20; 1 Timoteo 6:12; 2 Timoteo 4:7; Hebreos 10:32).

- *Prevalecer:* levantarse, fortalecerse, esforzarse, (2 Crónicas 14:11; Salmos 9:19; Isaías 42:13; Mateo 16:18).
- *Herir:* matar a filo de espada, tomar, asolar, (Números 25:17; Deuteronomio 13:15; Josué 7:3; Jueces 20:31; 1 Samuel 15:3; Isaías 19:22; Jeremías 43:11; Hechos 7:24; Apocalipsis 11:6).
- *Luchar:* contender, combatir (Génesis 30:8; 32:24; Efesios 6:12).

La Biblia contiene muchas palabras que hablan de guerra, la Biblia está llena de guerras y la historia del hombre ha sido determinada por ellas. Juan vio guerra en los cielos entre Miguel y Satanás y sus respectivos ángeles (Apocalipsis 12:7). Para las guerras, se necesitan guerreros, los cuales deben tener la tenacidad suficiente para vencer a sus enemigos. Recuerde, Dios adiestra nuestras manos para la batalla y nuestros dedos para la guerra (Salmos 144:1).

Oraciones en contra de príncipes demoníacos

Señor, tú has echado fuera y vencido al
príncipe de este mundo (Juan 12:31).

Tú has despojado a los principados y potestades y los
has exhibido públicamente (Colosenses 2:15).

Ato al príncipe de la potestad del aire, en
el nombre de Jesús (Efesios 2:2).

Ato y reprendo a Belcebú, el príncipe de
los demonios (Mateo 12:24).

Ato a los principales y potestades en mi región,
en el nombre de Jesús (Efesios 6:12).

Ordeno a los principados y potestades de mi región que se
sienten en tierra, en el nombre de Jesús (Jeremías 13:18).

Señor, libera a tus ángeles guerreros en contra de
los príncipes demoníacos (Daniel 10:20).

Derrota a los príncipes como en el pasado (Josué 13:21).

Que se consuma la iniquidad de todo príncipe profano
y retira la corona de su cabeza (Ezequiel 21:25-26).

Lleva despojados a los príncipes y trastorna
a los poderosos (Job 12:19).

Haz a sus capitanes como a Oreb y Zeeb y como a Zeba
y Zalmuna, y a todos sus príncipes (Salmos 83:11)

Esparce menosprecio entre los príncipes
demoníacos (Salmos 107:40).

Corta el espíritu de los príncipes (Salmos 76:12).

Reprendo y ato a todo príncipe que hable
en contra mía (Salmos 119:23).

Reprendo y ato a todo príncipe que me persiga (Salmos 119:161).

Haz nada a los príncipes (Isaías 34:12).

Castiga a los príncipes con tu poder (Sofonías 1:8).

ORACIONES EN CONTRA DEL LEVIATÁN Y LOS ESPÍRITUS DEL MAR

Oh Señor, quebranta las cabezas de monstruos en las aguas (Salmos 74:13).

Corta la cabeza de toda hidra, en el nombre de Jesús.

Magulla las cabezas del leviatán (Salmos 74:14).

Castiga con tu espada dura, grande y fuerte al leviatán serpiente veloz, y al leviatán serpiente tortuosa (Isaías 27:1).

Mata al dragón que está en el mar. (Isaías 27:1).

Rompo de mi vida toda maldición de orgullo y del leviatán, en el nombre de Jesús.

Arranca las escamas del leviatán (Job 41:15).

Quita la fuerza de la espalda del leviatán (Salmos 18:40).

Rompe el corazón de piedra del leviatán y hazlo pedazos (Job 41:24).

Rompe los dientes del leviatán y abre las puertas de su rostro (Job 41:15).

Pon soga en la nariz del leviatán, echa cuerda en su lengua y horada con garfio su quijada (Job 41:1-2).

Señor, tú gobiernas el mar y las aguas con tu fuerza.

No dejes que ningún agua de mal inunde mi vida.

A tu reprensión quedan al descubierto los cimientos del mundo (Salmos 18:15).

Reprende a los demonios soberbios y malditos (Salmos 119:21).

Ato a todo monstruo marino que quiera atacar mi vida o mi región, en el nombre de Jesús (Lamentaciones 4:3).

Derriba a los demonios altaneros con tu poder.

Derriba a los demonios soberbios que se han exaltado a sí mismos en contra de tu pueblo.

Dispersa a los soberbios en la imaginación de sus corazones.

Dios, tú resistes a los soberbios, tu poder está en contra de quienes se han rebelado en tu contra.

No venga pie de soberbia contra mí (Salmos 36:11).

Destruye la corona de la soberbia (Isaías 28:1).

Quebranta a Rahab como a herido de muerte; con tu brazo poderoso esparce a tus enemigos (Salmos 89:10).

Que leviatán no me oprima (Salmos 119:122).

Oh Señor, da el pago al leviatán (Salmos 94:2).

Que no pasen sobre mi alma las aguas impetuosas (Salmos 124:5).

Reprendo y destruyo toda trampa que el diablo haya preparado para mí (Salmos 140:5).

Que los espíritus soberbios tropiecen y caigan (Jeremías 50:32).

Quebranta la soberbia del orgullo del leviatán (Levítico 26:19).

Despiértate, despiértate, vístete de poder, oh brazo del Señor. Ordeno a los siervos de Rahab que se inclinen ante el Señor (Isaías 51:9).

No venga pie de soberbia contra mí (Salmos 36:11).

Arranco las escamas del leviatán y le quito su armadura (Job 41:15; Lucas 11:22).

Derrama el ardor de tu ira y abate al leviatán (Job 40:11).

Hiere con tu entendimiento al leviatán (Job 26:12).

Mira al leviatán y humíllalo, quebrántalo en su sitio (Job 40:12).

Reprende a los toros de Basán (Salmos 22:12).

Que los fuertes sean derribados, que aúllen
los encinos de Basán (Zacarías 11:2).

Haz a tu pueblo volver de Basán, trae a tu pueblo
de las profundidades del mar (Salmos 68:22).

Hiere a Basán y al reino de Og (Salmos 135:10-11).

Ato y echo fuera a todo espíritu de control mental
del pulpo y del calamar, en el nombre de Jesús.

Que se sequen las profundidades de las aguas y destruye
todo espíritu de leviatán (Job 41:31; Isaías 44:27).

En el nombre de Jesús agoto sus ríos, sus
mares y sus manantiales (Isaías 19:5).

Pido sequedad sobre las aguas del leviatán
(Jeremías 50:38; Jeremías 51:36).

Oraciones en contra de Jezabel

Desato a los perros del cielo en contra de Jezabel (1 Reyes 21:23).

Reprendo y ato a los espíritus de brujería, lujuria, seducción,
intimidación, idolatría y promiscuidad conectados con Jezabel.

Desato el espíritu de Jehú en contra de Jezabel
y sus cohortes (2 Reyes 9:30-33).

Ordeno que Jezabel sea echada abajo y
comida por los perros del cielo.

Reprendo a todo espíritu de falsa enseñanza,
falsa profecía, idolatría y perversión que están
conectados con Jezabel (Apocalipsis 2:20).

Desato la tribulación en contra del reino
de Jezabel (Revelaciones 2:22).

Rompo con la misión de Jezabel en contra de
los ministros de Dios (1 Reyes 19:2).

Corto y quebranto el poder de toda palabra
dicha por Jezabel en contra de mi vida.

Parto la mesa de Jezabel y rechazo toda
comida de ella (1 Reyes 18:19).

Corto y me libero de todas las maldiciones y
espíritus de Jezabel que obren en mi linaje.

Corto la misión de Jezabel y de sus hijas de corromper a la iglesia.

Reprendo y hiero al espíritu de Atalía que intenta
destruir la descendencia real (2 Reyes 11:1).

Me levanto contra el espíritu de Herodías y destruyo su
misión de matar a los profetas (Marcos 6:22-24).

Reprendo y destruyo todo espíritu de fornicación (Oseas 4:12).

Reprendo y destruyo a Jezabel y a su brujería,
en el nombre de Jesús (2 Reyes 9:22).

Reprendo y echo fuera a la ramera y madre de las hechicerías y
quebranto su poder sobre mi vida y mi familia (Nahum 3:4).

Destruiré las hechicerías de las manos (Miqueas 5:12).

Venzo a Jezabel y recibo poder sobre las
naciones (Apocalipsis 2:26).

PARA LIDIAR CON LOS ESPÍRITUS DEL DESIERTO

Hablo a todo desierto en mi vida o en mi
ministerio, en el nombre de Jesús.

Ato y echo fuera todo espíritu del desierto
enviado en contra de mi vida.

Ato y echo fuera todo espíritu del búho del desierto, el zorro del desierto, el dragón del desierto, la hiena del desierto y el buitre del desierto, en el nombre de Jesús (Isaías 34:11-15).

Ato y echo fuera todo espíritu de escorpión de miedo y de tormento, en el nombre de Jesús (Deuteronomio 8:15).

Ato y reprendo a la lechuza, en el nombre de Jesús (Isaías 34:14).

Ato y echo fuera a todo chacal, en el nombre de Jesús (Ezequiel 13:15).

No viviré en el yermo, sino en una tierra provechosa (Isaías 35:1).

Mi desierto florecerá como una rosa y traerá frutos abundantes (Isaías 35:1).

Deja fluir el agua en mi soledad y torrentes en el desierto (Isaías 35:6).

Que fluyan aguas en mis desiertos (Isaías 43:20).

Reprendo a toda fiera del desierto, a toda criatura lúgubre, a todo sátiro y a todo dragón para que no obren en mi vida (Isaías 13:21-22).

Que tu voz haga temblar todo desierto en mi vida (Salmos 29:8).

Que la grosura destile sobre mis desiertos (Salmos 65:11-12).

Que los espíritus del desierto se postren y laman el polvo (Salmos 72:9).

Reprendo a todo pelícano y búho del desierto (Salmos 102:6).

Vuelve el desierto en estanques de agua y la tierra seca en manantiales (Salmos 107:35).

Abre ríos en las alturas y fuentes en medio de los valles; abre en mi desierto estanques de aguas, y manantiales de aguas en mi tierra seca. (Isaías 41:18).

Da en el desierto cedros, acacias, arrayanes y olivos; pon en la soledad cipreses, pinos y bojes juntamente (Isaías 41:19).

Renuncio a toda rebelión que pudiera abrir mi vida
a los espíritus del desierto (Salmos 68:6).

Rompo toda maldición por confiar en el hombre que pudiera
abrir mi vida a los espíritus del desierto (Jeremías 17:5-6)

Profetizo a todo hueso seco en mi vida y le
ordeno que tenga vida (Ezequiel 37:1-4).

Mi tierra nunca más se llamará desolada sino que será
llamada Hefzi-bá, y mi tierra, Beula (Isaías 62:4).

Haz todos mis yermos como el Edén y mis desiertos
como el jardín del Señor (Salmos 51:3).

Que toda desolación en mi vida o mi linaje sea
levantada, en el nombre de Jesús (Isaías 61:4).

Revíveme y repara toda desolación en mi vida (Esdras 9:9).

ORACIONES EN CONTRA DE LOS JINETES DEMONÍACOS

Que el jinete y el caballo sean echados al mar (Éxodo 15:1).

Quebranto caballos y jinetes, quebranto el carro
y al que en él suba (Jeremías 51:21).

Desato la espada del Señor sobre los caballos
y los carros (Jeremías 50:37).

Mataré a los caballos de en medio de ti, y haré destruir
los carros, en el nombre de Jesús (Miqueas 5:10).

Trastorno los carros y a los que en ellos suben, echo
abajo a los caballos y a sus jinetes (Hageo 2:22).

Avergüenza a los que cabalgan en caballos (Zacarías 10:5).

Que sean mordidos los talones de los caballos y que
los jinetes caigan hacia atrás (Génesis 49:17).

Que el carro, el caballo, el ejército y la fuerza caigan juntamente para no levantarse (Isaías 43:17).

Que a tu reprensión el carro y el caballo sean entorpecidos, oh Señor (Salmos 76:6).

Intimida al caballo como a langosta (Job 39:19-20).

Enciende y reduce a humo a los carros y a los jinetes (Nahum 2:13).

Hiere con pánico a los caballos, con locura y ceguera a los jinetes, oh Señor (Zacarías 12:4).

Ato y reprendo a todo caballo negro que venga en mi contra, en el nombre de Jesús (Apocalipsis 6:5).

Ato y reprendo a todo caballo bermejo que venga en mi contra, en el nombre de Jesús (Apocalipsis 6:4).

Ato y reprendo a todo caballo amarillo que venga en mi contra, en el nombre de Jesús (Apocalipsis 6:8).

Retira la fuerza de los jinetes demoníacos, en el nombre de Jesús (Job 39:19).

Que los caballos sean destruidos por tu poder, oh Señor (2 Samuel 8:4).

Soy tu caballo de honor en el día de la batalla (Zacarías 10:3).

ORACIONES EN CONTRA DE LOS ESPÍRITUS DEL VALLE

Ato y echo fuera a todo espíritu que intente mantenerme en un llano, en el nombre de Jesús.

Rompo los carros de los enemigos del valle, en el nombre de Jesús (Jueces 1:19).

Reprendo y echo fuera a los cuervos del valle,
en el nombre de Jesús (Proverbios 30:17).

Señor, tú eres Dios de los valles, echa fuera a todo espíritu
del valle, en el nombre de Jesús (1 Reyes 20:28).

Exáltame y hiere con tu poder a los
espíritus del valle (2 Samuel 8:13).

Ato y reprendo a todo Goliat que quiera
desafiarme en el valle (1 Samuel 17:1-4).

Que todos los gigantes del valle sean destruidos (Josué 15:8).

Lucha en contra de los espíritus del valle y que mis
enemigos sean vengados en el valle (Josué 10:12-14).

Que todo Acán que haya en mi vida sea
destruido en el valle (Josué 7:24-26).

Me desato de todo espíritu de Dalila que
obre en el valle (Jueces 16:4).

Que todos mis valles sean bendecidos, en el
nombre de Jesús (2 Crónicas 20:26).

Abre una puerta de esperanza en todos mis valles (Oseas 2:15).

Destruye a todo espíritu edomita en el valle,
en el nombre de Jesús (2 Reyes 14:7).

Que el agua fluya a todo valle de mi vida (Joel 3:18).

Que todo valle en mi vida sea exaltado (Lucas 3:5).

Hiero a Amalec y lo destruyo en el valle (1 Samuel 15:3-5).

Hiero a todos los madianitas en el valle (Jueces 6:33-34).

Para lidiar con aves espirituales

Ato y reprendo a toda ave impura y aborrecible
enviada por el enemigo en contra de mi vida,
en el nombre de Jesús (Apocalipsis 18:2).

Ejerzo mi dominio sobre las aves impuras del
aire, en el nombre de Jesús (Salmos 8:8).

Que toda ave espiritual enviada en contra de mí
se enrede en el lazo (Eclesiastés 9:12).

Ato y reprendo todo buitre espiritual, en
el nombre de Jesús (Isaías 34:15).

Ato la obra de la lechuza (monstruo nocturno)
en mi contra, en el nombre de Jesús

(Isaías 34:14).

Ato y reprendo al pelícano (que vomita) para que no obre
en contra de mi vida, en el nombre de Jesús (Isaías 34:11).

Ato y reprendo la obra del erizo en contra de mi
vida, en el nombre de Jesús (Isaías 34:11).

Ato y reprendo a todo cuervo enviado en contra de
mi vida, en el nombre de Jesús (Isaías 34:11).

Ato y reprendo a toda águila y halcón demoníaco
enviado en mi contra y ordeno que sus nidos sean
destruidos, en el nombre de Jesús (Job 39:26-30).

Oro porque estos espíritus impuros sean encerrados,
en el nombre de Jesús (Jeremías 5:27).

Ato y reprendo toda ave impura que intente hacer
nido en mi vida, en el nombre de Jesús.

Que toda ave espantada sea echada de su nido,
en el nombre de Jesús (Isaías 16:2).

Que tu presencia ahuyente a toda ave impura
de mi vida (Jeremías 4:25-26).

Que toda ave del cielo que obre en contra de mi vida sea
consumida, en el nombre de Jesús (Sofonías 1:3).

Que estas aves huyan y se vayan a tu reprensión (Jeremías 9:10).

Déjame andar en el camino de sabiduría que
ningún ave conoce (Job 28:7, 21).

No temeré al terror nocturno y reprendo a todo espíritu de
la noche que intente visitarme en la noche (Salmos 91:5).

No estoy en compañía de las lechuzas (Job 30:29).

PARA LIBERAR DE LOS LEONES

Reprendo a todo león que se agache y se encorve para
atacarme, en el nombre de Jesús (Génesis 49:9).

Con la fuerza de Dios rompo las quijadas del
león y lo despedazo (Jueces 14:5).

Líbrame de la garra del león (1 Samuel 17:37).

Reprendo al león rugiente que me quiera cazar (Job 10:16).

No dejes que el león desgarre mi alma (Salmos 7:2).

Reprendo y exhibo a todo león que me espere
en secreto para atraparme (Salmos 10:9).

Reprendo a los leones acechadores, en el
nombre de Jesús (Salmos 17:12).

Huello al león, en el nombre de Jesús (Salmos 91:3).

Camino en santidad y ningún león puede
morar en mi vida (Isaías 35:9).

Libérame de los hombres que son como leones (1 Crónicas 11:22).

Que los cachorros de león se dispersen (Job 4:11).

Líbrame de la boca del león (Salmos 22:21).

Quiebra los dientes de los leones (Salmos 58:6).

Libra mi alma de los leones (Salmos 57:4).

Líbrame del poder de los leones (Daniel 6:7).

Libérame de la boca del león (2 Timoteo 4:17).

Que el León de la tribu de Judá ruja a través
de mí en contra de mis enemigos.

Libérame del poder del león.

PARA LIBERAR DE LAS SERPIENTES

Señor, golpea la cabeza de toda serpiente que
ataque mi vida, en el nombre de Jesús.

Castiga a la serpiente que muerde, en el nombre de Jesús.

Ato y reprendo a toda serpiente que quiera
engañarme (2 Corintios 11:3).

Desato la vara de Dios para que trague a toda serpiente que
venga en mi contra, en el nombre de Jesús (Éxodo 7:12).

Protégeme de las serpientes ardientes (Deuteronomio 8:15).

Ato y reprendo a toda serpiente que quiera enredarse
o enroscarse en mi vida, en el nombre de Jesús.

Ato y reprendo a toda pitón que quiera constreñir
mi vida de oración, en el nombre de Jesús.

Ato y reprendo a toda cobra que quiera venir
en mi contra, en el nombre de Jesús.

Ato y reprendo a toda áspid que quiera venir en
contra mía, en el nombre de Jesús (Isaías 14:29).

Ato y reprendo a toda serpiente voladora que quiera
atacar mi vida, en el nombre de Jesús (Isaías 27:1).

Ato y reprendo a toda serpiente marina que quiera
atacar mi vida, en el nombre de Jesús (Isaías 27:1).

Tengo autoridad para hollar serpientes (Lucas 10:19).

Soy un creyente y tomo en las manos a
las serpientes (Marcos 16:18).

Que el fuego de Dios eche a toda serpiente
de mi vida (Hechos 28:3).

Echo fuera toda serpiente que quiera obrar
en mi vida, en el nombre de Jesús.

Para liberar de las moscas

Ato y reprendo a Beelzebú, señor de las moscas,
en el nombre de Jesús (Mateo 12:24).

Ato y echo fuera a todas las moscas que quieran afectar
mi unción, en el nombre de Jesús (Eclesiastés 10:1).

Ato y reprendo todo enjambre de moscas que quiera venir
en mi contra, en el nombre de Jesús (Salmos 78:45).

Ninguna mosca puede vivir en mi vida, en
el nombre de Jesús (Éxodo 8:21).

Renuncio y me libero de toda basura espiritual que
pudiera atraer a las moscas, en el nombre de Jesús.

Reprendo a toda mosca y toda abeja que quiera venir
sobre mi tierra, en el nombre de Jesús (Isaías 7:18).

PARA LIBERAR DE LOS ESPÍRITUS ANIMALES

Soy libre de las fieras del desierto (Isaías 34:14).

Reprendo a los chacales que quieran atacar mi vida, mi ciudad o mi nación, en el nombre de Jesús.

Reprendo a los lobos nocturnos que quieran atacar mi vida, mi ciudad o mi nación, en el nombre de Jesús (Habacuc 1:8).

Reprendo a todo espíritu de cabra como a Pan, al Fauno y al Sátiro, en el nombre de Jesús.

Reprendo a los gatos salvajes, leopardos, leones y jaguares que representan los poderes ocultistas superiores y que quieran atacar mi vida, mi ciudad o mi nación, en el nombre de Jesús.

Reprendo a las hienas que quieran atacar mi vida, mi ciudad o mi nación, en el nombre de Jesús (Isaías 34:14).

Reprendo y ato a todo perro salvaje (que representa la religión falsa, la hechicería y la perversión) que quiera atar mi vida, en el nombre de Jesús (Salmos 22:16).

Ato y reprendo a los toros (que representan una fuerte rebelión), en el nombre de Jesús (Salmos 22:12).

Ordeno a los zorros que quieren destruir mis frutos que se alejen de mi vida, en el nombre de Jesús.

SECCIÓN 5

EXPERIMENTE LIBERACIÓN Y DERRAMAMIENTO

ISRAEL EXPERIMENTÓ MUCHAS liberaciones en su historia, de hecho, la nación de Israel comenzó con una liberación poderosa. El rey David fue librado muchas veces, pues se lo pidió al Señor, y Él lo escuchó (Salmos 34:4). Dios responde los clamores y las oraciones de su pueblo. La liberación de Dios siempre es una señal de su amor y su misericordia. La palabra *salvación* significa liberación, y la Biblia está llena de historias donde es posible ver estas palabras en acción.

Una de las principales revelaciones es la de la autoliberación; nosotros podemos desatarnos a nosotros mismos de cualquier control de las tinieblas (Isaías 52:2) y podemos ejercer poder y autoridad sobre nuestras propias vidas. Jesús nos dijo que sacáramos la viga de nuestro propio ojo (Lucas 6:42). El término *sacar* es la misma palabra que se utiliza cuando se dice *echar* fuera demonios *(ekballo)*.

Asuma la responsabilidad espiritual de su vida, no dependa de los demás para su bienestar espiritual, confiese la Palabra sobre su vida y haga oraciones fuertes que destruyan al enemigo. No permita que la autocompasión lo detenga, siéntase animado a orar, esta es la clave para una vida vencedora.

Quienes han experimentado la liberación es porque han llegado a Jesús o han sido llevados a Él; alguien tenía que tomar la iniciativa, todo comienza con una decisión. No puede permitirse que la pasividad le robe la liberación, usted debe abrir la boca, pues tiene la liberación en la punta de la lengua.

Hay mucha gente frustrada por la vida, personas que luchan que pueden estar abrumadas por las dudas y los fracasos. Algunas personas contienden con la tensión y la presión que con frecuencia los llevan a problemas físicos y emocionales. Jesús pasó una cantidad considerable de tiempo ministrando a los oprimidos y multitudes enteras llegaron a escucharlo para ser sanadas y liberadas de los espíritus malignos.

La liberación es el pan de los niños y todo hijo de Dios tiene el derecho de disfrutar de los beneficios que ella trae como el gozo y la libertad. Hemos visto a miles de creyentes ser liberados de los demonios mediante oraciones de autoridad. La liberación es un ministerio de milagros, mismos que se multiplican a través de la oración de guerra.

Quienes experimentan la liberación y el derramamiento verán cambios notables, los cuales a veces son progresivos y a veces instantáneos; sin embargo el cambio será dramático. Habrá un incremento de gozo, libertad, paz y éxito que tendrá como resultado una vida espiritual mejor con mayor fuerza y santidad.

Se necesita paciencia para ver cambios fuertes. Dios le prometió a Israel que echaría poco a poco al enemigo (Deuteronomio 7:22; Éxodo 23:29-30). Si no entiende este principio se cansará de orar por algunas personas y se sentirá desanimado en su propia liberación. Mientras más liberación reciba, más necesitará crecer y poseer su tierra.

Usted tiene la autoridad para atar y desatar (Mateo 18:18). El diccionario Webster define la palabra *atar* como: "Asegurar amarrando; confinar, limitar o restringir *como* con lazos; limitar con autoridad legal; o ejercer un efecto de restricción u obligación". También significa arrestar, aprehender, esposar, tomar cautivo, hacerse cargo de, encerrar, limitar o detener. Se ata mediante una autoridad legal, nosotros tenemos la autoridad legítima, en el nombre de Jesús para atar las obras de las tinieblas.

Las obras de las tinieblas incluyen al pecado, la iniquidad, la perversión, el malestar, la enfermedad, la dolencia, la muerte, la destrucción, las maldiciones, la brujería, la hechicería, la adivinación, la pobreza, la carencia, el conflicto, la lujuria, la soberbia, la rebelión, el miedo, el tormento y la confusión. Nosotros tenemos la autoridad legal para detener todo lo anterior en nuestra vida y en la vida de aquellos a quienes ministramos.

Desatar significa desamarrar, desanudar, desenganchar, desasir, desprender, desunir, divorciar, separar, soltar, escapar, huir, desencadenar, dejar libre, abrir, liberar, desconectar o perdonar.

Las personas necesitan ser desatadas de las maldiciones, las herencias del mal, los espíritus familiares, el pecado, la culpa, la vergüenza, la condenación, el control, la dominación, la manipulación, la intimidación, el control mental, el control religioso, las dolencias, las enfermedades, las enseñanzas falsas, los hábitos pecaminosos, la carnalidad, la mundanalidad, los demonios, la tradición, las ataduras impías, las promesas impías, los pactos impíos, las palabras, los embrujos, los conjuros, los hechizos, los traumas y las sectas. Nosotros tenemos la autoridad legítima, en el nombre de Jesús para deshacernos de las ataduras de estas influencias destructivas, tanto para nosotros mismos como para las personas a quienes ministramos.

Oraciones para liberarse a sí mismo

Rompo toda maldición generacional de orgullo, rebelión, lujuria, pobreza, hechicería, idolatría, muerte, destrucción, fracaso, enfermedad, dolencia, miedo, esquizofrenia y rechazo, en el nombre de Jesús.

Ordeno a todo espíritu generacional y hereditario que obre en mi vida a través de maldiciones que sea atado y echado fuera, en el nombre de Jesús.

Ordeno a todo espíritu de lujuria, perversión, adulterio, fornicación, impureza e inmoralidad que salga de mi carácter sexual, en el nombre de Jesús.

Ordeno a todo espíritu de dolor, rechazo, miedo, enojo, ira, tristeza, depresión, desánimo, abatimiento, amargura y rencor que salga de mis emociones, en el nombre de Jesús.

Ordeno a todo espíritu de confusión, olvido, control mental, enfermedad mental, doble ánimo, fantasía, dolor, soberbia y recuerdos dolorosos que salgan de mi mente, en el nombre de Jesús.

Rompo toda maldición de esquizofrenia y ordeno a todos los espíritus de doble ánimo, rechazo, rebelión y a la raíz de la amargura que salgan, en el nombre de Jesús.

Ordeno a todo espíritu de culpa, vergüenza y condenación que salga de mi conciencia, en el nombre de Jesús.

Ordeno a todo espíritu de orgullo, terquedad, desobediencia, rebelión, obstinación, egoísmo y arrogancia que salgan de mi voluntad, en el nombre de Jesús.

Ordeno a todo espíritu de adicción que salga de mi apetito, en el nombre de Jesús.

Ordeno a todo espíritu de brujería, hechicería, adivinación y ocultismo que salga, en el nombre de Jesús.

Ordeno a todo espíritu que obre en mi cabeza, en mis ojos, en mi boca, en mi lengua y en mi garganta que salga, en el nombre de Jesús.

Ordeno a todo espíritu que obre en mi pecho y mis pulmones que salga, en el nombre de Jesús.

Ordeno a todo espíritu que obre en mi estómago, mi ombligo y mi abdomen que salga, en el nombre de Jesús.

Ordeno a todo espíritu que obre en mi corazón, bazo, riñones, hígado y páncreas que salga, en el nombre de Jesús.

Ordeno a todo espíritu que obre en mis manos, mis brazos, mis piernas y mis pies, que salga, en el nombre de Jesús.

Ordeno a todo espíritu que obre en mis glándulas y sistema endocrino que salga, en el nombre de Jesús.

Ordeno a todo espíritu que obre en mi sangre y sistema circulatorio que salga, en el nombre de Jesús.

Ordeno a todo espíritu que obre en mis músculos y sistema muscular que salga, en el nombre de Jesús.

Ordeno a todo espíritu religioso de duda, error, herejía y tradición que haya entrado por medio de la religión, que salga, en el nombre de Jesús.

Ordeno a todo espíritu ancestral que llegó por medio de mis antepasados que salga, en el nombre de Jesús.

Ordeno a todo espíritu escondido en cualquier parte de mi vida que salga, en el nombre de Jesús.

Oraciones para pedir prosperidad y derramamiento económico

Rompo toda misión del enemigo en contra de mi economía, en el nombre de Jesús.

Rompo toda maldición de pobreza, carencia, duda y fracaso, en el nombre de Jesús.

Busco primero el Reino de Dios y su justicia y todo lo demás vendrá por añadidura (Mateo 6:33).

Reprendo y echo fuera a los espíritus de la oruga, el saltón, el revoltón y la langosta que se comen mis bendiciones, en el nombre de Jesús (Joel 2:25).

Señor, enséñame a sacar provecho y a encaminarme por el camino que debo de ir (Isaías 48:17).

Tú eres Jehová-Jireh, mi proveedor (Génesis 22:14).

Eres El Shaddai, el Señor que da más que suficiente.

Hay bienes y riquezas en mi casa porque te temo y me deleito en gran manera en tus mandamientos (Salmos 112:1-3).

La bendición del Señor sobre mi vida me hace rico.

Soy bendecido en mi entrada y mi salida.

Soy siervo de Dios y Él se complace en mi prosperidad (Salmos 35:27).

Jesús, tú te hiciste pobre para que por medio de tu pobreza yo pudiera ser prosperado (2 Corintios 8:9)

Medito en la Palabra de día y de noche, para que lo que sea que haga, prospere (Salmos 1:3).

Sea la paz dentro de mis muros y el descanso dentro de mi palacio (Salmos 112:7).

Prosperaré mediante la profecía y el ministerio profético (Esdras 6:14).

Yo creo a los profetas y prosperaré (2 Crónicas 20:20).

Soy tu siervo, Señor, prospérame (Nehemías 1:11).

El Dios del cielo me prosperará (Nehemías 2:20).

Vivo en la prosperidad del rey (Jeremías 23:5).

Mediante tu favor seré próspero (Génesis 39:2).

Señor, tú me has llamado y tú harás
próspero mi camino (Isaías 48:15).

Oro en lo secreto y tú me recompensarás en público (Mateo 6:6).

Yo ayuno en lo secreto y tú me recompensarás
en público (Mateo 6:18).

Tú me recompensas porque te busco con diligencia (Hebreos 11:6).

Señor, derrama la riqueza de los malos en
mis manos (Proverbios 13:22).

Señor, llévame a un lugar de abundancia (Salmos 66:12).

Doy y se me dará en medida buena, apretada,
remecida y rebosando (Lucas 6:38).

Abre las ventanas del cielo sobre mi vida y recibiré
más de lo que puedo almacenar (Malaquías 3:10).

Que toda rotura en mi saco sea cosida, en
el nombre de Jesús (Hageo 1:6).

Reprende al devorador por mí (Malaquías 3:11).

Todas las naciones me llamarán bienaventurado
y seré tierra deseable (Malaquías 3:12).

Mis puertas están abiertas continuamente para que las
riquezas de las naciones entren a mi vida (Isaías 60:11).

Tengo pacto con las piedras del campo (Job 5:23).

Que tus lluvias de bendición caigan
sobre mi vida (Ezequiel 34:26).

Que mis lagares rebosen (Joel 2:24).

Que mis graneros sean llenos con abundancia y mis lagares rebosen con vino nuevo (Proverbios 3:10).

Manda tu bendición sobre mi granero (Deuteronomio 28:8).

Que mis graneros estén llenos; que mis ganados, se multipliquen a millares y decenas de millares en nuestros campos; que nuestros bueyes estén fuertes para el trabajo (Salmos 144:13-14).

En mi vida, el que ara alcanza al segador, y el pisador de las uvas al que lleve la simiente; y viviré continuamente en la cosecha (Amos 9:13).

Que mis eras estén llenas de trigo y mis lagares rebosen de vino y aceite (Joel 2:24).

Haz maravillas conmigo y déjame comer hasta saciarme (Joel 2:26).

Da paz a mi territorio y sáciame con lo mejor del trigo (Salmo 147:14).

Susténtame con miel y con lo mejor del trigo (Salmos 81:16).

Condúceme a la tierra donde fluye leche y miel (Éxodo 3:8).

Llévame a una tierra en la que no me falte nada y no haya escasez (Deuteronomio 8:9).

Que abunde en mí toda gracia, a fin de que tenga siempre en todas las cosas todo lo suficiente, y abunde para toda buena obra (2 Corintios 9:8).

Unge mi cabeza con aceite y que mi copa rebose (Salmos 23:5).

Dame riquezas, y honor en abundancia (2 Crónicas 18:1).

Que la piedra me derrame ríos de aceite (Job 29:6).

Déjame mojar en aceite mi pie (Deuteronomio 33:24).

Déjame ver tus montones en mi vida (2 Crónicas 31:8).

Amo la sabiduría, tengo mi heredad y mis tesoros son llenados (Proverbios 8:21).

Las riquezas y la honra están conmigo; riquezas duraderas, y justicia (Proverbios 8:18).

Haz salir miel de la peña para mí (Salmos 81:16).

Dame de comer de lo mejor del trigo (Salmos 147:14).

Que mis dientes sean blancos como la leche (Génesis 49:12).

Lava mis pasos con leche (Job 29:6).

Que tenga más oro que tierra (Job 22:24).

Que tenga abundancia de plata (Job 28:1).

Que tu río me lleve donde hay oro (Génesis 2:11-12).

Dame la tierra por heredad (Salmos 37:29).

Me niego a dejar ir al ángel de la bendición sin que me bendiga (Génesis 2:6).

ORACIONES PARA PEDIR SALUD Y SANIDAD

Por las llagas de Jesús soy sano (Isaías 53:5).

Jesús llevó mis enfermedades y mis aflicciones (Mateo 8:17).

Echo fuera a todo espíritu de aflicción que ataque mi cuerpo, en el nombre de Jesús.

Rompo, reprendo y echo fuera a todo espíritu de cáncer que intente establecerse en mis pulmones, mis huesos, mi pecho, garganta, espalda, columna, hígado, riñones, páncreas, piel o estómago, en el nombre de Jesús.

Reprendo y echo fuera todo espíritu que cause diabetes, presión alta, presión baja, infartos, embolias, fallas en los riñones, leucemia, enfermedades sanguíneas, problemas de respiración, artritis, lupus, Alzheimer o insomnio, en el nombre de Jesús.

Hablo fuerza y sanidad a mis pulmones músculos, articulaciones, órganos, cabeza ojos, garganta, glándulas, sangre, médula, pulmones, riñones hígado, bazo, columna, páncreas, ojos, vejiga, orejas, senos nasales, boca, lengua y pies, en el nombre de Jesús.

Me libero de todo ataque al corazón que tenga raíz en el miedo y ordeno a todo espíritu de miedo que me deje, en el nombre de Jesús (Lucas 21:26).

Me libero de toda diabetes que tenga raíz en el rechazo, el odio a mí mismo, la herencia y la culpa y ordeno a estos espíritus que salgan, en el nombre de Jesús.

Me libero de todo cáncer que tenga raíz en la amargura, la falta de perdón, el resentimiento y la lengua calumniadora y ordeno a estos espíritus que salgan, en el nombre de Jesús.

Me libero de toda esclerosis múltiple que tenga raíz en el odio, la culpa y el rechazo por parte de mi padre y echo fuera a estos espíritus, en el nombre de Jesús.

Me libero de la artritis reumatoide que tenga raíz en el odio a mí mismo y en la baja autoestima y ordeno a estos espíritus que salgan, en el nombre de Jesús.

Me libero del colesterol alto que tenga raíz en el enojo, en la hostilidad, y ordeno a estos espíritus que salgan, en el nombre de Jesús.

Me libero de todo problema de senos nasales que tenga raíz en el miedo y la ansiedad y ordeno a estos espíritus que salgan, en el nombre de Jesús.

Me libero de toda presión arterial alta que tenga raíz en el miedo y la ansiedad y ordeno a estos espíritus que salgan, en el nombre de Jesús.

Me libero del asma que tenga raíz en el miedo a las relaciones, en el nombre de Jesús.

Me libero de un sistema inmunológico debilitado que tenga raíz en un espíritu o un corazón quebrantado y ordeno a estos espíritus que salgan, en el nombre de Jesús.

Me libero de toda embolia que tenga raíz en el autorechazo y la amargura contra mí mismo y ordeno a esos espíritus que salgan, en el nombre de Jesús.

Me libero de toda enfermedad de los huesos que tenga raíz en la envidia y los celos y ordeno a estos espíritus que salgan, en el nombre de Jesús (Proverbios 14:30).

Perdóname, Señor, por permitir al miedo, la culpa el autorechazo, el odio a mí mismo, el rencor, la amargura, el pecado, el orgullo o la rebelión abrieran puertas a alguna enfermedad o dolencia, renuncio a todo esto, en el nombre de Jesús.

Echo fuera a todo espíritu de dolencia que haya entrado en mi vida mediante el orgullo, en el nombre de Jesús.

Echo fuera a todo espíritu de dolencia que haya entrado en mi vida mediante un trauma o accidente, en el nombre de Jesús.

Echo fuera a todo espíritu de dolencia que haya entrado a mi vida mediante el rechazo, en el nombre de Jesús.

Echo fuera a todo espíritu de dolencia que haya entrado en mi vida mediante la hechicería, en el nombre de Jesús.

Dame un corazón fuerte, que es vida para mi carne, quita de mi corazón toda actitud malvada o pecaminosa.

Señor, quita todo dardo de mi hígado (Proverbios 7:23).

Sáname y líbrame de todos mis dolores, en el nombre de Jesús.

Reprendo toda enfermedad que quiera venir a comer mi carne, incluyendo el cáncer, en el nombre de Jesús (Salmos 27:2).

Que ninguna cosa pestilencial (enfermedad) se apodere de mi cuerpo (Salmos 41:8).

Rompo toda maldición de malestar y enfermedad y ordeno a todo espíritu hereditario de enfermedad que salga (Gálatas 3:13).

Rompo toda maldición de muerte prematura y de destrucción, en el nombre de Jesús.

Prospero y camino en salud mientras mi alma prospera (3 Juan 2).

Recibo la Palabra de Dios que es salud a mi carne (Proverbios 44:2).

Señor, bendice mi pan y mi agua y saca de mí la enfermedad (Éxodo 23:25).

Ordeno a todo órgano de mi cuerpo que funcione como Dios lo tiene pensado (Salmos 139:14).

Mis huesos están confortados porque recibo las buenas nuevas del evangelio (Proverbios 15:30).

Señor, guarda todos mis huesos (Salmos 34:20).

Que todo tumor o crecimiento maligno se derrita ante la presencia de Dios (Salmos 97:5).

Que toda infección de mi cuerpo sea consumida por el fuego de Dios.

Me libero de toda alergia y problema en los senos nasales, en el nombre de Jesús.

Oro pidiendo que mis arterias y vasos sanguíneos sean abiertos y que mi sistema circulatorio funcione correctamente, en el nombre de Jesús.

Reprendo toda fiebre, en el nombre de Jesús (Lucas 4:39).

Mi carne estará más fresca que la de un niño y regresaré a los días de mi niñez (Job 33:25).

Oro por que mi sistema inmunológico sea fortalecido, en el nombre de Jesús (Salmos 119:28).

Señor, renueva mi juventud como las águilas (Salmos 103:5).

Viviré y no moriré y proclamaré el nombre
del Señor (Salmos 118:17).

Sea mi belleza como la del olivo (Oseas 14:6).

Señor, Tú sanas todas mis enfermedades (Salmos 103:3).

Señor, Tú eres la salud de mi alma (Salmos 43:5).

Sáname, oh Señor, y seré sano (Jeremías 17:14).

Que tu virtud toque mi vida y me sane (Lucas 6:19).

Desato el fuego de Dios para que queme toda enfermedad o
dolencia que obre en mi cuerpo, en el nombre de Jesús.

Ninguna plaga o enfermedad se acercará
a mi morada (Salmos 91:10).

Jesús, levántate sobre mi vida con sanidad
en tus alas (Malaquías 4:2).

El Señor es la fuerza de mi vida (Salmos 27:1).

Ordeno a todo germen o enfermedad que toque mi
cuerpo, que muera, en el nombre de Jesús.

Tomo el escudo de la fe y apago todo dardo
ardiente del enemigo (Efesios 6:16).

Soy redimido de la dolencia y la enfermedad (Gálatas 3:13).

Toda plaga es detenida cuando se aproxime a mí
mediante el sacrificio de Jesucristo (Luces 13:12).

Jesucristo me sana (Hechos 9:34).

Formidables y maravillosas son tus obras, que mi cuerpo funcione
de la manera maravillosa para la que lo diseñaste (Salmos 139:14).

Oraciones para pedir liberación

Guarda mi alma y líbrame (Salmos 25:20).

Agrádate en librarme, oh Señor (Salmos 40:13).

Apresúrate, oh Señor y líbrame (Salmos 70:1).

Líbrame en tu justicia (Salmos 71:2).

Líbrame, oh Dios, de la mano del enemigo (Salmos 71:4).

Libérame de quienes me persiguen (Salmos 142:6).

Redímeme y sácame de las muchas aguas (Salmos 144:7).

Líbrame de la violencia de los hombres (Salmos 119:134).

Líbrame conforme a tu Palabra (Salmos 119:170).

Líbrame del labio mentiroso y de la lengua
fraudulenta (Salmos 120:2).

Líbrame de mis enemigos y escóndeme (Salmos 143:9).

Rodéame con cantos de liberación (Salmos 32:7).

Manda liberación a mi vida (Salmos 44:4).

Líbrame de todos mis temores (Salmos 34:4).

Líbrame de toda angustia (Salmos 54:7).

Líbrame de los que me aborrecen (Salmos 69:14).

Líbrame de mis aflicciones (Salmos 107:6).

Envía tu Palabra, y líbrame de la ruina (Salmos 107:20).

Tú has librado mi alma de la muerte, mis ojos de las
lágrimas y mis pies de resbalar (Salmos 116:8).

Invoco el nombre de Jesús, y seré liberado (Joel 2:32).

Líbrame del poder del león (Daniel 6:27).

Mediante tu conocimiento seré liberado (Proverbios 11:9).

Mediante tu sabiduría seré liberado (Proverbios 28:26).

Recibo milagros de liberación para mi vida (Daniel 6:27).

Oraciones para pedir liberación del mal

Líbrame del mal (Mateo 6:13).

Te pido que me libres del mal (1 Crónicas 4:10).

Ningún mal me tocará (Job 5:19).

Que sean avergonzados quienes me desean mal (Salmos 40:14).

Que ninguna enfermedad pestilencial se
apodere de mi cuerpo (Salmos 41:8).

No temeré a las malas noticias (Salmos 112:7).

No seré visitado por el mal (Proverbios 19:23).

Contengo mis pies de todo mal camino para
guardar tu Palabra (Salmos 119:101).

Guárdame de todo mal (Salmos 121:7).

Líbrame del hombre malo (Salmos 140:1).

Sana al pueblo de enfermedades, de plagas
y de espíritus malos (Lucas 7:21).

Te pido que me libres del mal (Juan 17:15).

Que los malos espíritus sean echados fuera (Hechos 19:12).

No seré vencido por el mal, sino que venceré
al mal con el bien (Romanos 12:21).

Me visto con la armadura de Dios para
resistir en el día malo (Efesios 6:13).

Anulo todos los planes y las fuerzas del mal
enviadas en contra de mi vida.

Que las obras del mal sean quemadas por tu fuego santo.

Que los hombres se arrepientan del mal y se vuelvan a la justicia.

Que ningún mal se establezca en mi vida,
sino que se establezca tu justicia.

Me libero de todos los malignos y de toda
atadura maligna de mi alma.

LIBERACIÓN DEL PECADO SEXUAL Y RENUNCIA A ÉL

Renuncio a todo pecado sexual con el que haya estado involucrado
en el pasado, incluyendo fornicación, masturbación, pornografía,
perversión, fantasía y adulterio, en el nombre de Jesús.

Rompo toda maldición de adulterio, perversión,
fornicación, lujuria, incesto, violación, abuso, ilegitimidad,
promiscuidad y poligamia, en el nombre de Jesús.

Ordeno a todo espíritu de lujuria y perversión que salga
de mi estómago, mis genitales, mis ojos, mi mente, mi
boca, mis manos y mi sangre, en el nombre de Jesús.

Presento mi cuerpo al Señor como un
sacrificio vivo (Romanos 12:1).

Mis miembros son de Cristo y no dejaré que sean los
miembros de una ramera (1 Corintios 6:15).

Desato el fuego de Dios para quemar toda lujuria
impura de mi vida, en el nombre de Jesús.

Rompo todo vínculo impío de mi alma con antiguos
amantes y parejas sexuales, en el nombre de Jesús.

Echo fuera todo espíritu de soledad que me pudiera llevar
a relaciones sexuales impías, en el nombre de Jesús.

Ordeno a todo espíritu hereditario de lujuria que venga
de mis antepasados a que salga, en el nombre de Jesús.

Ordeno a todo espíritu de hechicería que obre con
la lujuria que huya, en el nombre de Jesús.

Tomo autoridad sobre mis pensamientos y ato a todo espíritu de
fantasía y de pensamientos lujuriosos, en el nombre de Jesús.

Echo fuera a todo espíritu de lujuria destructora de matrimonios que pueda romper mi pacto, en el nombre de Jesús.

Echo fuera y me libero de todo cónyuge espiritual y espíritus de íncubos y súcubos, en el nombre de Jesús.

Echo fuera todo espíritu de perversión, incluyendo a los espíritus moabitas y amonitas de lujuria, en el nombre de Jesús.

Recibo un espíritu de santidad en mi vida para caminar en pureza sexual, en el nombre de Jesús (Romanos 1:4).

Me libero del espíritu de este mundo, de los deseos de la carne, de los deseos de los ojos y de la vanagloria de la vida. Venzo al mundo con el poder del Espíritu Santo (1 Juan 2:16).

Soy crucificado con Cristo y mortifico mis miembro, no dejo que el pecado reine en mi vida y no obedezco su lujuria (Romanos 6:6-12).

ORACIONES PARA RECIBIR LIBERACIÓN POR MEDIO DE LOS ÁNGELES

Que tus ángeles asciendan y desciendan sobre mi vida (Génesis 28:12)

Manda a tus ángeles cerca de mí y guárdame (Salmos 91:11)

Que el ángel del Señor acose al enemigo (Salmos 35:5).

Que el ángel del Señor persiga al enemigo (Salmos 35:6).

Que tus ángeles peleen por mí en los cielos en contra de los principados (Daniel 10:13).

Que el ángel de tu presencia me salve (Isaías 63:9).

Que tu ángel enderece los caminos delante de mí (Zacarías 12:8).

Envía delante de mí a tu ángel para prosperar mi camino (Éxodo 33:2).

Señor, escucha mi voz y envía a tus ángeles
para librarme (Números 20:16).

Manda a tus ángeles a ministrarme (Mateo 4:11).

He venido a Sion, a la compañía de muchos
millares de ángeles (Hebreos 12:22).

Soy heredero de la salvación, manda a tus
ángeles a ministrarme (Hebreos 1:14).

Manda a tus ángeles a librarme de la mano
del enemigo (Mateo 12:11).

Señor, confiésame ante tus santos ángeles (Lucas 12:8).

Envía de noche a tus ángeles a ministrarme (Hechos 27:23).

Envía a tus ángeles a mi encuentro mientras
camino a mi destino (Génesis 32:1).

Manda a tus ángeles para ayudarnos a
alcanzar a los perdidos (Hechos 8:26).

Ordena a tu ejército de ángeles que pelee por
tu Iglesia y la defienda (Salmos 68:17).

Manda a tus ángeles a herir a los demonios que
vengan a destruirme (Salmos 37:36).

ORACIONES EN CONTRA DEL TERRORISMO

Ato y reprendo a toda águila roja de terror que venga contra
mi nación, en el nombre de Jesús (Jeremías 49:22).

No temeré al terror de la noche (Salmos 91:5).

Ato y reprendo a todo terrorista que conspire en
contra de mi nación, en el nombre de Jesús.

Ato y reprendo a todo espíritu de odio y homicidio que se quiera
manifestar mediante el terrorismo, en el nombre de Jesús.

Ato y reprendo a todo terrorista religioso, en el nombre de Jesús.

Ato y reprendo a todo demonio de *yihad*, en el nombre de Jesús.

Ato y reprendo a todo espíritu del anticristo y de
odio por el cristianismo, en el nombre de Jesús.

Ato todo espíritu de odio hacia mi país, en el nombre de Jesús.

Ato y reprendo a los terrores de la muerte,
en el nombre de Jesús (Salmos 55:4).

Ato a todo miedo y pánico que venga por medio
del terrorismo, en el nombre de Jesús.

Líbrame del hombre malo y del violento (Salmos 140:1).

Corto las obras de violencia de las manos
de los malvados (Isaías 59:6).

Que toda conspiración de violentos sea
exhibida y arrancada (Salmos 86:14).

Que no haya violencia en mi tierra (Isaías 60:18).

ORACIONES APOSTÓLICAS

Señor, guárdame del mal (Juan 17:15).

Santifícame con tu palabra de verdad (Juan 17:17).

Déjame ser uno con mis hermanos y hermanas para
que el mundo crea que tú me enviaste (Juan 17:21).

El anhelo de mi corazón y mi oración a Dios por
Israel es para salvación (Romanos 10:1).

Tenme por digno de tu llamamiento, y cumple todo propósito de
bondad y toda obra de fe con tu poder (2 Tesalonicenses 1:11).

Que tu palabra corra libremente en tu vida (2 Tesalonicenses 3:1).

Dame el espíritu de sabiduría y revelación en
el conocimiento de Jesús (Efesios 1:17).

Alumbra los ojos de mi entendimiento, para que sepa cuál es la esperanza de mi llamado, y cuáles las riquezas de la gloria de su herencia en los santos, y cuál la excelente grandeza de su poder para con nosotros los que creemos (Efesios 1:17-19).

Fortaléceme en el hombre interior con tu Espíritu (Efesios 3:16).

Que habite Cristo por la fe en mi corazón, a fin de que, arraigado y cimentado en amor, sea plenamente capaz de comprender con todos los santos cuál es la anchura, la longitud, la profundidad y la altura de tu amor (Efesios 3:17-18).

Déjame conocer el amor de Cristo, que excede a todo conocimiento, para que sea lleno de toda la plenitud de Dios (Efesios 3:19).

Señor, haz todas las cosas mucho más abundantemente de lo que pida o entienda, según el poder que actúa en mí (Efesios 3:20).

Que al abrir mi boca me sea dada palabra para dar a conocer con denuedo el misterio del evangelio (Efesios 6:19).

Que mi amor abunde aun más y más en ciencia y en todo conocimiento (Filipenses 1:9).

Que apruebe yo lo mejor, a fin de que sea sincero e irreprensible para el día de Cristo (Filipenses 1:10).

Déjame conocer a Jesús y el poder de su resurrección, y la participación de sus padecimientos, para que llegue a ser semejante a Él en su muerte (Filipenses 3:10).

Déjame ser lleno del conocimiento de su voluntad en toda sabiduría e inteligencia espiritual, para que ande como es digno del Señor, agradándole en todo, llevando fruto en toda buena obra, y creciendo en el conocimiento de Dios (Colosenses 1:9-10).

Fortaléceme con todo poder, conforme a la potencia de tu gloria, para toda paciencia y longanimidad con gozo (Colosenses 1:11).

Hazme estar perfecto y completo en todo lo
que Dios quiere (Colosenses 4:12).

Que todo mi ser, espíritu, alma y cuerpo, sea
guardado irreprensible para la venida de mi
Señor Jesucristo (1 Tesalonicenses 5:23).

Señor, dame siempre paz en toda manera y
sé conmigo (2 Tesalonicenses 3:16).

Hago rogativas, oraciones, peticiones y acciones de gracias,
por todos los hombres; por los líderes de mi nación y
de la Iglesia para que vivamos quieta y reposadamente
en toda piedad y honestidad (1 Timoteo 2:1-2).

Gracia y paz me sean multiplicadas a través
de la unción apostólica (2 Pedro 1:2).

PARA ATAR Y DESATAR

Tengo las llaves del reino y lo que sea que ate en
la tierra es atado en el cielo y lo que desate en la
tierra es desatado en el cielo (Mateo 16:19).

Ato a los reyes con grillos y a los nobles con
cadenas de hierro (Salmos 149:8).

Ato al fuerte y lo despojo de sus bienes (Mateo 12:29).

Ato a leviatán y a todo espíritu soberbio que
venga contra mi vida (Job 41:5).

Ato a los principados, potestades, gobernantes de las tinieblas de
este mundo y a la maldad espiritual en lugares altos (Efesios 6:12).

Ato toda dolencia y enfermedad que haya
caído sobre mi mente o mi cuerpo.

Que los prisioneros agobiados sean libertados (Salmos 146:7).

Desato a los condenados a muerte (Salmos 102:20).

Suelto las ataduras de mi cuello (Isaías 52:2).

Me suelto de las ataduras de maldad (Isaías 58:6).

Me desato de las ligaduras de Orión (Job 38:31).

Rompo todas mis prisiones (Salmos 116:16).

Desato mi mente, mi voluntad y mis emociones de todo plan y espíritu de las tinieblas, en el nombre de Jesús.

Libero mi ciudad y mi región de todo plan del infierno.

Libero mis finanzas de todo espíritu de pobreza, deuda y carencia.

Me libero de toda maldición generacional y espíritu hereditario (Gálatas 3:13).

Me libero de todo plan de brujería, hechicería y adivinación.

Me libero de toda maldición y palabra negativa hablada en contra de mi vida, en el nombre de Jesús.

Para derramar vergüenza sobre el enemigo

Que se avergüence y se turbe mucho el enemigo, que se vuelva y sea avergonzado de repente (Salmos 6:10).

Hazme señal para bien y que la vean quienes me aborrecen y sean avergonzados (Salmos 86:17).

Avergüenza y confunde los que buscan mi vida (Salmos 35:4).

Que se vistan de vergüenza los que de mi mal se alegran (Salmos 35:26).

Esparce sus huesos y avergüénzalos (Salmos 53:5).

Sean avergonzados y confundidos los que buscan mi vida, que sean vueltos atrás y avergonzados los que mi mal desean (Salmos 70:2).

Llena sus rostros de vergüenza (Salmos 83:16).

Que todos los que contra ti se enardecen
sean avergonzados (Isaías 45:24).

Que quienes se levanten en mi contra sean
avergonzados (Salmos 109:28).

Que los espíritus soberbios sean avergonzados (Salmos 119:78).

Oraciones por las almas

Todas las almas son tuyas, oh Señor (Ezequiel 18:4).

Señor, tú eres el pastor y el obispo de mi alma,
cuídala y guárdala (1 Pedro 2:25).

Recibo con mansedumbre la palabra implantada
que puede salvar mi alma (Santiago 1:21).

Ato al cazador de almas (Ezequiel 13:20).

Con paciencia ganaré mi alma (Lucas 21:19).

Ato y rasgo toda venda usada para cazar almas
y hacerlas volar (Ezequiel 13:20).

Ordeno que sean liberadas las almas cazadas
por el enemigo (Ezequiel 13:20).

Libero a las almas de la adivinación y la brujería (Ezequiel 13:23).

Regresa, oh Señor, y libra mi alma (Salmos 6:4).

No dejes que el enemigo persiga mi alma (Salmos 7:5).

Señor, restaura mi alma (Salmos 23:3).

Guarda mi alma y líbrame (Salmos 25:20).

Avergüenza a quienes buscan mi alma (Salmos 35:4).

Rescata mi alma de la destrucción (Salmos 35:17).

Que quienes buscan mi alma sean avergonzados
y confundidos (Salmos 40:14).

Líbrame de los opresores que buscan mi alma (Salmos 54:3).

Señor, tú has librado mi alma de la muerte y
mis pies de tropezar (Salmos 56:13).

Guarda mi alma, porque soy santo (Salmos 86:2).

Alegra mi alma, porque a ti la levanto (Salmos 86:4).

tus consolaciones alegran mi alma (Salmos 94:19).

Rompo el poder de toda palabra negativa dicha
en contra de mi alma (Salmos 109:20).

Vuelve, oh alma mía a tu reposo (Salmos 116:7).

Viva mi alma y te alabe (Salmos 119:175).

Mi alma escapa como ave al lazo de los cazadores (Salmos 124:7).

Fortaléceme con vigor en mi alma (Salmos 138:3).

Destruye a todos los adversarios de mi alma (Salmos 143:12).

Que tu temor venga a toda persona de mi ciudad (Hechos 2:43).

Seré prosperado en todas las cosas y que tenga
salud así como prospera mi alma (3 Juan 1:2).

Pido que mi alma sea guardada irreprensible para
la venida del Señor (1 Tesalonicenses 5:23).

Satisface mi alma con abundancia (Jeremías 31:14).

Mi alma se alegrará en mi Dios, me has vestido con vestiduras de
salvación y me has rodeado de manto de justicia (Isaías 61:10).

Rompo todo vínculo impío en mi alma y oro por vínculos que
agraden a Dios y traigan bendición a mi vida (1 Samuel 18:1).

Libero mi alma de todo juramento, voto interno y
maldición que la ate, en el nombre de Jesús.

Oraciones por su nación

Oro porque los líderes de mi nación vengan a la luz (Isaías 60:3).

Hago rogativas, oraciones, peticiones y acciones de gracias, por todos en mi país y sus líderes, para que vivamos quieta y reposadamente en toda piedad y honestidad (1 Timoteo 2:1-2).

Que nuestros líderes sean justos y gobiernen en el temor de Dios (2 Samuel 23:3).

Que nuestros líderes se postren delante del Señor y que mi nación le sirva (Salmos 72:11).

Que los pobres y necesitados de mi nación sean librados (Salmos 72:12-13).

Que el dominio del Señor se establezca en mi nación y que sus enemigos laman el polvo (Salmos 72:8-9).

Inclina los corazones de nuestros líderes para que te teman (Proverbios 21:1).

Que el Señor gobierne sobre mi nación y que mi país se regocije y se alegre (Salmos 97:1).

Que mi nación cante un cántico nuevo, que bendiga su nombre y anuncie su salvación de día en día (Salmos 96:1-3).

Que la gente de mi nación tiemble ante la presencia del Señor (Salmos 99:1).

Que mi nación dé un grito de júbilo ante el Señor y que le sirvan con regocijo (Salmos 110:1-2).

Que nuestros líderes te alaben y déjalos escuchar las palabras de tu boca (Salmos 138:4).

Que los malvados sean desarraigados de nuestra tierra (Proverbios 2:22).

Que los malvados sean cortados y se sequen como la hierba fresca (salmos 37:2).

Que todos en mi nación se vuelvan al
Señor y lo alaben (Salmos 22:27).

Mi nación, su plenitud y los que en ella
habitan son del Señor (Salmos 24:1).

Que todos los idólatras de mi nación sean confundidos
y que todos los dioses alaben al Señor (Salmos 97:7).

Que mi nación alabe al Señor por su
misericordia y su verdad (Salmos 117).

Salva a mi nación, oh Señor, y manda
prosperidad (Salmos 118:25).

Que mi nación se someta al dominio y al
Reino de Cristo (Daniel 7:14).

Oro por que mi nación lleve su riqueza
al Reino (Apocalipsis 21:24).

Oro por que mi nación sea convertida y
lleve su riqueza al Rey (Isaías 60:5).

Oro por que mi nación sea sanada con las hojas
del árbol de la vida (Apocalipsis 22:2).

Oro por que mi nación publique las
alabanzas del Señor (Isaías 60:6).

Oro por que mi nación vea la gloria de Dios (Isaías 35:2).

Que los sordos escuchen las palabras del libro y que
los ciegos vean en la oscuridad (Isaías 29:18).

Oro por que Jesús gobierne sobre mi nación
en juicio y justicia (Isaías 32:1).

Oro porque mi país venga a Sion y sea enseñado, que
no se adiestre más para la guerra (Isaías 2:1-4).

Oro pidiendo que mi nación busque al Señor
y entre en su reposo (Isaías 11:1).

Oro porque los desiertos se vuelvan estanques y que en la sequedad haya manantiales de agua (Isaías 35:7).

Oro por que la gloria del Señor le sea revelada a mi nación y que todos los habitantes la vean (Isaías 40:5).

Que el Señor traiga justicia y juicio a mi nación (Isaías 42:1).

Pido al Señor que haga algo nuevo en mi nación, derramando agua en el la soledad y corrientes en el desierto (Isaías 43:19-20).

Que la paz (shalom) venga a mi nación como un río (Isaías 66:12).

Que mi nación sea rociada con la sangre de Jesús (Isaías 52:12).

Que los niños de mi nación sean enseñados en el Señor (Isaías 54:13).

Oro por que mi nación busque y encuentre al Señor (Isaías 65:1).

Que mi nación sea llena con sacerdotes y levitas que alaben al Señor (Isaías 66:21).

Que la gente de mi nación venga y alabe al Señor (Isaías 66:23).

Que la gente construya casas y las habite (Isaías 65:21).

Que mi pueblo plante viñas y coma de sus frutos (Isaías 65:21).

Que mi pueblo disfrute el trabajo de sus manos (Isaías 65:22).

Que los enemigos en mi tierra se reconcilien (Isaías 65:25).

Que mi nación sea llena del conocimiento de la gloria del Señor (Habacuc 2:14).

Que mi nación sea salva y camine en la luz de Sion (Apocalipsis 21:24).

Que Dios sea misericordioso con nosotros y nos bendiga y haga resplandecer su rostro sobre nosotros. Que sea conocido para nuestra nación su camino y su salvación (Salmos 67:1-2).

Que todo pacto con la muerte y con el infierno sea roto en nuestra nación (Isaías 28:18).

Que mi nación se vuelva al Señor y sea salva (Isaías 45:22).

Que el Señor desnude su santo brazo y que mi
nación vea la salvación del Señor (Isaías 52:10).

Que todo velo que envuelva a mi nación
sea destruido (Isaías 25:7).

Mi nación es la herencia del Señor, que Él la posea (Salmos 2:7-8).

El Reino es del Señor y Él gobierna en mi nación (Salmos 22:28).

Que quienes caminan en la oscuridad en mi nación vean la luz y
que tu luz brille sobre los que están en las tinieblas (Isaías 9:2).

Que su imperio y su paz (shalom) no tengan
límite en mi nación (Isaías 9:7).

Que su juicio y su justicia se incrementen
en mi nación (Romanos 14:17).

Que la justicia venga a mi nación para que
sea exaltada (Proverbios 14:34).

Que su Espíritu se derrame en mi nación y que
nuestros hijos e hijas profeticen (Hechos 2:17-18).

Te confesaré, Señor, entre mi gente y
cantaré tu nombre (Salmos 22:22).

Que tu gloria se declare entre mi pueblo y tus
maravillas en mi nación (Salmos 96:20).

Que el Señor nos abra la puerta para la Palabra y que
la gente escuche tu Palabra (Colosenses 4:3).

Oro porque las familias de mi pueblo sean bendecidas
en Jesucristo (Génesis 28:14, Gálatas 3:14).

Oro porque las aguas de sanidad fluyan
en mi nación (Ezequiel 47:9).

LIBRO 2

ORACIONES QUE ROMPEN MALDICIONES

JOHN ECKHARDT

CASA
CREACIÓN
A STRANG COMPANY

ÍNDICE

INTRODUCCIÓN

REDIMIDOS DE LA MALDICIÓN DE BELIAL

¿LE PARECE QUE su vida es una serie de fracasos y frustraciones? ¿Se caracteriza por el infortunio, obstáculos e impedimentos? ¿Siente que, no importa qué haga, jamás parece conseguir las bendiciones del Señor?

Lo más frustrante de esta situación, muchas veces, es el hecho de que uno es creyente y ama al Señor. Según Gálatas 3:13 hemos sido redimidos de la maldición. Es decir que Jesús sufrió la maldición por nosotros. Así que, si es cierto eso, ¿cómo puede el creyente seguir bajo maldición?

Todavía, por desdicha, hay muchos creyentes que viven bajo maldiciones aun habiendo sido redimidos legalmente de ellas. Así como el creyente quizás tenga que pelear la buena batalla de la fe para sanar, también puede ser que tenga que pelearla en contra de las maldiciones.

Muchas de las maldiciones que pueden afectar la vida de una persona son resultado de uno de los espíritus más viles y malvados en el reino de las tinieblas: el espíritu de *Belial*.

1

Este es un espíritu *gobernador* de *maldad* que comanda huestes de demonios que operan bajo sus órdenes y maldicen a las personas. Y es lo que veremos en este libro. "Belial" aparece [en la versión inglesa King James] veintisiete veces en el Antiguo Testamento y una en el Nuevo Testamento. Proviene del término hebreo *beliyaal,* que se traduce dieciséis veces como "Belial" en el Antiguo Testamento.

También aparece en otros versículos traducido como "maligno", "malo" o "enemigo de Dios".* La *Concordancia Bíblica Strong* define *beliyaal* como "sin beneficio, sin valor, destrucción, malignidad, maldad, desobediencia". La más común de estas definiciones es *sin valor.*

El diccionario define valor como "utilidad, digno de respeto y admiración". Y despreciable se define como "que merece desprecio, tan falto de valor como para dar lugar a la indignación moral".

Por tanto, la *obra de Belial* consiste en maldecir a hombres y mujeres haciendo que cometan pecados viles y despreciables. Todo pecado es malo y no quiero que se entienda que estoy excusando o minimizando ninguno. Pero hay pecados que son más abominables que otros. Es decir, hay diferentes *grados* de pecado.

Bajo la ley había los que se consideraban "abominaciones" y que se castigaban con muerte, en tanto otros pecados requerían ciertos sacrificios. Lo que Belial busca

---

* N. del T.: En castellano, aparece casi siempre en relación con "hombre", "mujer" o "hijo", de modo que la frase que aparece es "hombres impíos" u "hombres perversos", como en la RVR (Jueces 19:22; 20:13; 1 Samuel 1:16; 2:12; 10:27; 1 Reyes 21:10; 2 Crónicas 13:7; etc.)

es hacer que una nación caiga en pecados tan abominables como para traer sobre sí la maldición y el juicio de Dios.

Cuando observo las prácticas y pecados que se practican en nuestra nación, sé que detrás de todo ello está el espíritu de Belial. Belial tiene mucha fuerza en los Estados Unidos y en otras naciones del mundo. Es el que gobierna la maldad en el mundo. Jesús nos enseñó la necesidad de atar al hombre fuerte para poder arrebatarle sus bienes (Mateo 12:29). Las oraciones que presentan este libro tienen como propósito hacer justamente eso: cuando usted ore, estará atando a Belial, el que gobierna al mundo con maldad, y al orar romperá la atadura que tiene Belial sobre su familia y su comunidad.

CAPÍTULO 1

MALDICIONES CAUSADAS POR UN ESPÍRITU DE IDOLATRÍA

Han surgido hombres perversos que descarrían a la gente y le dicen: "Vayamos a rendir culto a otros dioses", dioses que ustedes no han conocido.
—Deuteronomio 13:13

EN ALGUNAS TRADUCCIONES es esta la primera vez que aparece el nombre de Belial en la Palabra de Dios. El Señor identifica a los que intentan *alejar* a su pueblo de sí para servir a otros dioses como "hijos de Belial", en la versión del Rey Jaime (en inglés). Este pasaje de las Escrituras describe su accionar:

Si de alguna de las ciudades que el Señor tu Dios te da para que las habites llega el rumor de que han surgido hombres perversos que descarrían a la gente y le dicen: "Vayamos a rendir culto a otros dioses",

dioses que ustedes no han conocido, entonces deberás inquirir e investigar todo con sumo cuidado. Si se comprueba que tal hecho abominable ha ocurrido en medio de ti, no dudes en matar a filo de espada a todos los habitantes de esa ciudad. Destrúyelos junto con todo lo que haya en ella, incluyendo el ganado. Lleva todo el botín a la plaza pública, y préndele fuego a la ciudad y a todo el botín. Será una ofrenda totalmente quemada para el Señor tu Dios. La ciudad se quedará para siempre en ruinas, y no volverá a ser reedificada. No te apropies de nada que haya sido consagrado a la destrucción. De ese modo, el Señor alejará de ti el furor de su ira, te tratará con misericordia y compasión, y hará que te multipliques, tal como se lo juró a tus antepasados.

—Deuteronomio 13:12-17

"Hombres perversos" —o como señala la nota a la versión RVR95, "hijos de Belial"— indica individuos bajo el control de Belial, a quienes este usaba para alejar al pueblo de Dios de Él, y hacer que sirvieran a otros dioses. Es interesante observar que en hebreo la palabra "ídolo" es *eliyl*, que significa "bueno para nada, vano o vanidad, sin valor, una nada". Podríamos resumirlo entonces en *inutilidad*.

Belial significa *inutilidad*. E intenta apartar a las personas del camino que les lleva a lo bueno, lo que tiene valor. Los ídolos no tienen valor alguno y a nadie pueden satisfacer. En materia de estudio de la Biblia tenemos un principio que se llama *Ley de primera referencia*. Esta ley nos dice que toda vez que un tema o palabra en particular aparece por *primera vez* en la Biblia, hay principios importantes que encontraremos en referencia a ese tema o palabra.

El *primer principio* que vemos en conexión con Belial es que este intenta apartar al pueblo de la adoración al verdadero Dios. Los que siguen a Belial son espíritus que intentan *seducir* al pueblo, alejando a las personas del Señor. Como resultado, tales espíritus que operan bajo el mando de Belial hacen que los que se apartan de la protección de Dios queden sujetos a ataduras y maldiciones que muchas veces les llevan a la destrucción.

El apóstol Pablo profetizó que, "en los últimos tiempos habrá algunos que renegarán de su fe, para entregarse a espíritus seductores y doctrinas demoníacas" (1 Timoteo 4:1, Biblia del Pueblo de Dios). *Seducir* significa apartar, persuadir a la desobediencia o la deslealtad, apartar convenciendo con falsas promesas, atraer, llamar. La Biblia de Jerusalén dice en este versículo que algunos "apostarán de la fe", y la NVI dice "abandonarán la fe". Es lo que se conoce como *apostasía*.

El diccionario de la Real Academia Española define *apostatar* como: "Negar la fe de Jesucristo recibida en el bautismo … o cambiar de opinión o doctrina". Creo que esa es la razón por la que tantas iglesias y algunas denominaciones han abandonado la fe. Incluso algunas han ordenado como ministros a homosexuales. ¡Qué abominación! Sin duda, eso es obra de Belial y los espíritus seductores que hacen que muchos *apostaten*.

ORACIONES

CARACTERÍSTICAS DEL ESPÍRITU DE BELIAL

Padre, tu Palabra nos dice que "han surgido hombres perversos que descarrían a la gente y le dicen: 'Vayamos a rendir culto a otros dioses', dioses que ustedes no han conocido". Y nos instruyes que hemos de "inquirir e investigar todo con sumo cuidado" y considerar tal hecho como "abominable" (Deuteronomio 13:13-14). Hazme centinela, que desde la muralla vigile y esté alerta contra esos espíritus engañosos que intentan seducir a las personas que conozco y amo.

Padre, el espíritu de Belial hace que piense: "Puedes hacerle mala cara a tu hermano hebreo necesitado y no darle nada" (Deuteronomio 15:9) aun cuando el necesitado sea un familiar. Nos adviertes que no hemos de ser así y dices que, si nos negamos a ayudar y la persona te presenta esa ofensa, dirás que soy "convicto de pecado". Protégeme del espíritu de Belial que hace tan egoístas a las personas.

Dios, el espíritu de Belial es tan perverso que observa y espera que tu pueblo sea visitado por forasteros y luego exige que se entregue el forastero a los malignos hombres y mujeres para satisfacer su lujuria homosexual (Jueces 19:22). Haz que me mantenga siempre alerta, Señor, atento a quienes se dejarán llevar por la lujuria homosexual de Belial. Haz de mí un fuerte muro de protección y de mi hogar una fortaleza cerrada a ese espíritu.

Tu Palabra cuenta la horrible historia de un viajero levita que con su esposa pasó una noche en casa de otro judío que vivía en una ciudad atestada de hombres que ya no vivían para Dios, sino que estaban llenos del espíritu de Belial. Esos perversos rodearon la casa del hombre y exigieron que se les diera al levita para tener relaciones homosexuales con él. En vez de proteger a su esposa, el levita se la entregó a los hombres, y la mujer fue violada reiteradas veces, hasta que murió (véase Jueces 19). Señor, enséñame a obedecer la advertencia que presenta esta historia para que jamás sienta apatía por ti y por propia voluntad entregue a mi propia familia a la maldad. Mantenme a salvo, bajo la protección de tu voluntad para que jamás me aparte de ti y sea víctima, o permita que mi familia lo sea, del espíritu de Belial.

Señor, cuando Ana intercedía en el templo pidiendo un hijo, hubo quienes pensaron que era hija de Belial, que estaba ebria (1 Samuel 1:12-16). Ayúdame a reconocer cuando el espíritu de Belial intente atarme a un pecado adictivo. Ayúdame a reconocer esas ataduras adictivas y a evitar cualquier cosa que pueda cautivarme con sutilezas hacia tal esclavitud.

Padre, llamaste hijos de Belial a los hijos de Elí, que eran sacerdotes en tu templo, porque vivían en pecado mientras fingían ser hombres de Dios (1 Samuel 2:12). Protege a los hombres y mujeres que han aceptado tu llamado al ministerio y mantenles alejados de los pecados ocultos que puedan apartarlos de ti. Destruye el poder del pecado sobre sus vidas y haz que sean siempre pastores sinceros y honorables, que guíen a tu pueblo a la justicia y la rectitud.

Padre, al igual que los hijos de Elí, hay muchos hombres de Dios y líderes de iglesias que son presas del espíritu de Belial y que han acabado atados por el pecado, quebrantados, ya sin valor para servir como pastores tuyos. Ayúdame a orar e interceder por tus pastores. Destruye el poder de Belial para apartar de ti a tus siervos. Haz que se mantengan puros, santos y sin mancha ante Dios y ante el pueblo que lideran.

Padre, apenas Samuel ungió a Saúl para que fuera rey, el espíritu de Belial le atacó de inmediato haciendo que el pueblo dudara de su capacidad como líder y negándose a honrarlo con sus regalos (1 Samuel 10:27). El espíritu de Belial ya estaba obrando, haciendo que Saúl dudara de su propia capacidad. E incluso, aunque mantuviera la calma, el espíritu continuaba con su insidioso ataque, llevándolo finalmente a rechazarte y a fracasar de manera lamentable en la tarea a la que lo llamaste. Haz que sea fuerte para resistir a Belial cuando intente hacer que dude de aquello a lo que me llamaste o trate de cautivarme con sentimientos de inseguridad. Dame poder por medio de tu Espíritu y derrota al espíritu de Belial en mi vida.

Dios, cuando el rey David le pidió al rico Nabal que compartiera alimentos con él y sus hombres, que estaban de paso por allí, Nabal estaba tan lleno del espíritu de Belial que se negó a darle comida a David. Aunque David y sus hombres habían tratado con amabilidad y respeto a los sirvientes de Nabal, este envió un mensaje fuerte a David, que decía: "¿Por qué he de compartir mi pan y mi agua, y la carne que he reservado para mis esquiladores, con gente que ni siquiera sé de dónde viene?" (1 Samuel 25:11). Señor, ¡no permitas que sea como Nabal! Dame un corazón generoso y un espíritu lleno de tu misericordia y compasión. Destruye el poder de Belial cuando intente convertirme en un Nabal.

La propia esposa de Nabal, Abigaíl, reconoció que él estaba atado bajo el poder del espíritu de Belial y, con generosidad, alimentó a David y a sus hombres y se disculpó por la mala conducta de su esposo. Así que le dijo: "No haga usted caso de ese grosero de Nabal, pues le hace honor a su nombre, que significa 'necio' (1 Samuel 25:25). Que jamás me identifiquen como "necio" ni como "hijo o hija de Belial". Protégeme del egoísmo y la codicia del pecado; haz que sea una "Abigail" y no un "Nabal" en mi forma de tratar a los demás.

Señor, tu Palabra nos enseña que el espíritu de Belial puede infiltrarse entre los creyentes, atándoles al pecado y los malos deseos. Incluso algunos de los hombres de David eran sirvientes de Belial; por lo que David tuvo que reprenderlos por ser avaros y no querer compartir con los menos afortunados (1 Samuel 30:22). Por favor, muéstrame si hay codicia o egoísmo en mi corazón y elimina el espíritu de Belial para que no tenga poder en mi vida.

Padre, del ejemplo de Simí aprendemos que el espíritu de Belial hace que acusemos de los demás de los pecados que nosotros mismos cometemos. Simí, pariente de Saúl, culpó a David por la muerte de Saúl y lo acusó de robarse el reino. Este hombre estaba tan poseído por el espíritu de Belial que no podía ver tu plan, ni el compromiso de David con ese plan tuyo (2 Samuel 16:7). Padre, guárdame de ser cegado por el espíritu de Belial. Revélame mi propio pecado y maldad e impide que acuse a tus hijos de las tendencias malignas que obran en mi propia vida.

Padre, tu Palabra nos enseña a reprender con firmeza y de manera permanente a otros creyentes que permiten que el espíritu de Belial les haga liderar la rebeldía contra quienes te sirven. Cuando David reconoció que un miembro de la tribu de Benjamín incitaba a una rebelión en su contra, decidió actuar. Sabía que el espíritu maligno podía destruir los muros espirituales que rodean a los otros creyentes, haciendo que cayeran en el mal con Siba. Así que reunió a un ejército y persiguió a Siba hasta que lo encontró y se aseguró de que le derrotaran y estuviera muerto (véase 2 Samuel 20). Dame audacia para maldecir al espíritu de Belial y destruirlo, quitándolo de mi vida y de la de otros creyentes de modo que no pueda derribar las murallas espirituales que guardan nuestros corazones para guiarnos a la maldad.

Padre, David reconoció que el mal que proviene del espíritu de Belial puede hacer que sintamos miedo, tragándonos en su torrente de maldad (2 Samuel 22:5). Cuando siento miedo y estoy en medio de "terribles problemas" y me angustio, te pido que me ayudes a ser como David, invocando tu nombre al pedir auxilio. Protégeme de los torrentes y las olas de Belial.

Padre, ayúdame a reconocer el poder de Belial y a armarme con la espada de tu Espíritu para luchar contra ese demonio. No se lo puede uno "arrancar" como un espino", ni "quitar con la mano". Hace falta "una lanza" para destruirlo y hacer "que el fuego lo consuma" (2 Samuel 23:6-7). Ayúdame para que no intente encontrar el mal por mis propios medios. Te pido que me armes con tu Espíritu y tu fuerza, y que tu fuego consuma el mal de mi vida.

El espíritu de Belial es engañoso, acusa a tus hijos y lleva adelante planes malvados para destruirlos y robarles todo lo que les pertenece. Eso vemos en la historia del plan de Acab y Jezabel contra Nabot (1 Reyes 21). Haz que no tenga miedo y que te sirva con valentía como Elías, que no temió confrontar a esos malvados siervos de Belial para pronosticar el juicio divino, el cual sería una muerte horrible.

Padre, cuando el malvado Jeroboán y sus seguidores se propusieron destruir a Roboán y a los seguidores de Dios, Abías, rey de Judá, lo confrontó y declaró: "Así que Dios … va al frente de nosotros … ¡no peleen contra el Señor, Dios de sus antepasados, pues no podrán vencerlo!" (2 Crónicas 13:12). Con ayuda de Dios, Abías derrotó a Jeroboán y al pueblo de Israel, que se había rebelado contra Dios para servir a Belial. Hoy, cuando tu pueblo se rebela contra ti y comienza a servir a Belial, levanta a muchos Abías que defiendan la justicia y tu rectitud, en medio de la apatía y la maldad. Haz que sea un Abías, armándome para la batalla por la justicia en los Estados Unidos.

Señor, en tiempo de enfermedad y angustia, haz que mis ojos se mantengan fijos en ti, y que mi corazón permanezca firme, confiando en que puedes sanarme. El espíritu de Belial quiere decirme: "¡Tienes una enfermedad mortal! Jamás te recuperarás" (Salmo 41:8). Ayúdame a rechazar la voz de Belial que susurra derrota, destrucción y muerte a mis oídos. Levántame y restaura mi fuerza y mi salud física con tu poder, e impide que Belial susurre maldad a mis oídos.

Señor, "no tendrá cabida en mí la maldad". No permitiré que el espíritu de Belial asuma el control de mi vida y "No me pondré como meta nada en que haya perversidad" o engaño (Salmos 101:3). Viviré en pureza y honor. Escucharé sólo a tu espíritu y me resistiré a que el de Belial entre en mi vida.

Señor, hay mentirosos inútiles bajo las ataduras de Belial que andan engañando a otros (Proverbios 6:12). No quiero ser uno de ellos. Hablaré solamente tu verdad e intentaré guiar a los demás hacia el camino de la justicia.

Señor, el espíritu de Belial destruye los valores que nos has dado y hace que seamos inútiles. Tu palabra afirma: "El perverso hace planes malvados; en sus labios hay un fuego devorador" (Proverbios 16:27). Que nunca te sea inútil. Que jamás juegue con el fuego de Belial ni que me queme la maldad. No permitiré que el espíritu de Belial destruya en mí el valor que tengo para ti y los demás.

Padre, tu Palabra declara: "El testigo corrupto se burla de la justicia, y la boca del malvado engulle maldad" (Proverbios 19:28). Ayúdame a reconocer a los testigos corruptos en los Estados Unidos que se burlan de los principios cristianos sobre los que se fundó esta nación, e intentan convencer a otras personas de que es bueno apartarse de ti. Desenmascara al espíritu de Belial que yace en las voces de aquellos que luchan por promover prácticas y reglas alejadas de tus principios, o intentan aguar los estándares de justicia de esta nación para llevarnos a conductas y acciones pecaminosas. Endereza los errores y maldades que se han infiltrado en nuestro sistema judicial, nuestras escuelas y gobierno, que intentan llevar a esta nación a practicar más el pecado.

Señor, tu Palabra nos dice que los planes malignos que pergeña un siervo de Belial en contra de ti o de tus hijos tendrán mal final, no importa cuán fuerte sea ese maligno plan (Nahúm 1:11). Tenemos que mantener la mirada fija en ti y no temer a los planes malignos de Belial. No le temeré ni siquiera cuando parezca que sus planes son invencibles. Derrotaré al mal con tu poder y con la fuerza de tu Espíritu.

Dios, tu Palabra nos indica con toda claridad que los que no te siguen nada tienen en común con tus seguidores. Y nos instruyes: "Salgan de en medio de ellos y apártense. No toquen nada impuro, y yo los recibiré. Yo seré un padre para ustedes, y ustedes serán mis hijos y mis hijas, dice el Señor Todopoderoso" (2 Corintios 6:17-18). Me comprometo contigo, Señor. Y te acepto como mi Padre. No tocaré la sucia maldad de Belial. Viviré solamente para ti todos los días de mi existencia.

CAPÍTULO 2

LA MALDICIÓN DE LA SEDUCCIÓN DE JEZABEL

Sin embargo, tengo en tu contra que toleras a Jezabel, esa mujer que dice ser profetisa. Con su enseñanza engaña a mis siervos, pues los induce a cometer inmoralidades sexuales y a comer alimentos sacrificados a los ídolos.
—Apocalipsis 2:20

BELIAL OPERA CON *el espíritu de Jezabel* para seducir a quienes sirven al Señor y hacer que se dediquen a la fornicación y la idolatría. Jezabel puede manifestarse a través de falsas enseñanzas, es un espíritu seductor.

Su intención es apartar a la gente de la verdad para que cometan errores, causando ataduras y maldiciones, y trayendo sobre sí el juicio de Dios.

Por eso la voy a postrar en un lecho de dolor, y a los que cometen adulterio con ella los haré sufrir

17

terriblemente, a menos que se arrepientan de lo que aprendieron de ella. A los hijos de esa mujer los heriré de muerte. Así sabrán todas las iglesias que yo soy el que escudriña la mente y el corazón; y a cada uno de ustedes lo trataré de acuerdo con sus obras.

—Apocalipsis 2:22-23

Fue este el juicio del Señor sobre los que se dejaron seducir por las enseñanzas de Jezabel. La fornicación y el adulterio siempre serán juzgados por el Señor.

Tengan todos en alta estima el matrimonio y la fidelidad conyugal, porque Dios juzgará a los adúlteros y a todos los que cometen inmoralidades sexuales.

—Hebreos 13:4

Como nunca antes ha estado bajo ataque el matrimonio en los Estados Unidos. El divorcio ya no se considera algo inaceptable, sino que casi es esperable. Jezabel es un espíritu seductor que atrae a la gente a la *prostitución* y al *adulterio*, lo cual siempre será juzgado por el Señor.

Prostitución significa prácticas o deseos de ser infiel, faltos de valor, inútiles o idólatras. Es un deseo de infidelidad, de idolatrar, un deseo lujurioso, de libertinaje. Hace poco, un ministro visitó nuestra iglesia y comenzó a identificar proféticamente los espíritus que operaban en nuestra región. Mientras profetizaba, mencionó en su profecía al espíritu de la lujuria. Tomé nota, y la palabra *libertinaje* me siguió durante meses, después de aquella reunión.

Sabía que el Señor estaba identificando a través de ese

18

profeta a un espíritu que teníamos que atar en nuestra región. La lujuria implica "seducir para apartar de la castidad, apartar de la virtud o la excelencia, corromper por medio de la intemperancia o la sensualidad".

Eso es. Los espíritus de la prostitución y la lujuria operan bajo la fuerza de Belial. La lujuria es la "extrema indulgencia en lo sensual". Ser sensual significa "ser carnal, deficiente en intereses morales, espirituales o intelectuales, contrario a la religión".

Es interesante observar que la única referencia a Belial en el Nuevo Testamento está en 2 Corintios 6:15 (RVR60): "¿Y qué concordia [tiene] Cristo con Belial? ¿O qué parte [tiene] el creyente con el incrédulo?". Pablo aquí se refería a la carnalidad que proliferaba en la iglesia de Corinto.

Jezabel no trabaja a solas. Belial opera con ella para atraer a las personas a pecados abominables que incluyen la sodomía, la homosexualidad, el incesto, la violación y todo tipo de perversiones. Los métodos de Jezabel son la manipulación y la intimidación. Si el espíritu de Jezabel no puede manipular a la persona para que peque, entonces se manifestará la intimidación. Jezabel amenazó con la muerte al profeta Elías. Ella odia a los verdaderos apóstoles y profetas de Dios.

La mayor amenaza a la influencia de Jezabel han sido siempre los verdaderos siervos de Dios. Los que predican la verdad y mantienen los parámetros de la santidad son obstáculos para el avance de Jezabel. Por eso, ataca a los hombres y las mujeres de Dios, para quitarlos de en medio.

Señor, tu Palabra nos enseña que el espíritu de Jezabel puede disfrazarse de persona con dones proféticos para enseñar la inmoralidad a los creyentes, apartándoles de tus caminos (Apocalipsis 2:20). Revélate a tus verdaderos profetas y profetisas, Señor. Guarda a tus hijos de caer en el pecado, llevados por alguien que se disfraza como mensajero tuyo.

Padre, el espíritu seductor de Jezabel está haciendo una terrible destrucción en los Estados Unidos. Enséñanos a tener "en alta estima el matrimonio y la fidelidad conyugal", y no permitas que olvidemos que "Dios juzgará a los adúlteros y a todos los que cometen inmoralidades sexuales" (Hebreos 13:4).

Padre, tu Palabra enseña la dolorosa y penosa lección de la influencia maligna de Jezabel. Aunque el rey Josafat te amó y te sirvió durante su vida, su hijo Jorán —que le sucedió en el trono—, se casó con la hija de la malvada reina Jezabel. Jorán se dejó influenciar por ese maligno espíritu generacional y llevó a su reino a la adoración de falsos dioses y a flagrante inmoralidad en sus vidas (2 Crónicas 21:11). Como resultado, hiciste que muriera de una dolorosa enfermedad en las entrañas. Señor, ayúdanos a guiar a nuestros hijos para que honren el matrimonio, y haz que les enseñemos las consecuencias de unirse en yugo desigual con el espíritu maligno de Jezabel que opera en las personas.

Señor, tus hijos estaban tan influenciados por el espíritu maligno de Jezabel que operaba en su rey, que pecaron cometiendo inmoralidad sexual y fornicando (2 Crónicas 21:11). Nuestra nación ha caído en la trampa de este espíritu maligno y está llena de personas que ya no viven con pureza. Haz que tu pueblo defienda la pureza, Señor. Que tu pueblo lleve a los Estados Unidos al arrepentimiento por su inmoralidad, y que se vuelva a ti, en pureza y dedicación.

Padre, el espíritu de Jezabel lleva a hombres y mujeres a cometer actos sexuales pecaminosos porque ese espíritu no se satisface nunca y llena a los hombres y mujeres de un insaciable apetito sexual (véase Ezequiel 16:23-31). Este espíritu de pecado ha causado que se levanten burdeles, donde se practica el mal hasta lo indecible. Ha creado el aumento de la promiscuidad en nuestra juventud, y pagado el precio del pecado de la prostitución, preparando el camino a la homosexualidad. En el santo nombre de Dios, atamos a este espíritu y lo echamos de nuestra nación. Destruye la atadura de Jezabel que nos mantiene cautivos, Señor. Liberta a los cautivos y regrésanos a la pureza.

Padre, nos enseñas en tu Palabra: "Se ha dicho: Él que repudia a su esposa debe darle un certificado de divorcio. Pero yo les digo que, excepto en caso de infidelidad conyugal, todo el que se divorcia de su esposa, la induce a cometer adulterio, y el que se casa con la divorciada comete adulterio también …". También han oído que se dijo a sus antepasados: "No faltes a tu juramento, sino cumple con tus promesas al Señor" (Mateo 5:31-33). Pon fin a la mala influencia de Belial que subyuga a los Estados Unidos haciendo que hombres y mujeres mantengan relaciones adúlteras y practiquen la inmoralidad sexual. Belial busca la destrucción de tu divina institución del matrimonio. Haz que mis relaciones se mantengan puras y permite que me una a la pelea por salvar al matrimonio en mi nación.

***

Padre, ayúdame a entender que "lo que sale de la boca viene del corazón y contamina a la persona. Porque del corazón salen los malos pensamientos, los homicidios, los adulterios, la inmoralidad sexual, los robos, los falsos testimonios y las calumnias" (Mateo 15:18-19). Vuelve mi corazón hacia ti y mantén mis labios puros.

***

Padre, enséñame la importancia de renovar mi mente (Romanos 12:1) y de mantenerla siempre enfocada en ti. Tu Palabra nos dice que "como estimaron que no valía la pena tomar en cuenta el conocimiento de Dios, él a su vez los entregó a la depravación mental, para que hicieran lo que no debían hacer. Se han llenado de toda clase de maldad, perversidad, avaricia y depravación. Están repletos de envidia, homicidios, disensiones, engaño y malicia. Son chismosos, calumniadores, enemigos de Dios, insolentes, soberbios y arrogantes; se ingenian maldades; se rebelan contra sus padres" (Romanos 1:28-30). No quiero ser así.

Señor, sé que "las obras de la naturaleza pecaminosa se conocen bien: inmoralidad sexual, impureza y libertinaje; idolatría y brujería; odio, discordia, celos, arrebatos de ira, rivalidades, disensiones, sectarismos" (Gálatas 5:19-20). Enséñame a vivir por el poder de tu Espíritu y a destruir las obras de la naturaleza pecaminosa en mi vida.

Señor, tú le das sentido a mi vida y quiero vivir contigo en gloria. Ayúdame a seguir tus instrucciones para que hagamos "morir todo lo que es propio de la naturaleza terrenal: inmoralidad sexual, impureza, bajas pasiones, malos deseos y avaricia, la cual es idolatría" (Colosenses 3:4-5).

Padre: "La voluntad de Dios es que sean santificados; que se aparten de la inmoralidad sexual; que cada uno aprenda a controlar su propio cuerpo de una manera santa y honrosa" (1 Tesalonicenses 4:2-4). Santifícame plenamente, Señor, y haz que viva apartado para ti de forma que el mal no pueda filtrarse en mi vida.

Padre, tú le escribiste a la iglesia de Tiatira: "Conozco tus obras, tu amor y tu fe, tu servicio y tu perseverancia, y sé que tus últimas obras son más abundantes que las primeras. Sin embargo, tengo en tu contra que toleras a Jezabel, esa mujer que dice ser profetisa. Con su enseñanza engaña a mis siervos, pues los induce a cometer inmoralidades sexuales y a comer alimentos sacrificados a los ídolos. Le he dado tiempo para que se arrepienta de su inmoralidad, pero no quiere hacerlo. Por eso la voy a postrar en un lecho de dolor, y a los que cometen adulterio con ella los haré sufrir terriblemente, a menos que se arrepientan de lo que aprendieron de ella" (Apocalipsis 2:19-22). Examina mi corazón, Señor, y muéstrame lo que hay en él. Si el espíritu de Jezabel está presente en mi vida, me arrepiento y te pido que me perdones. Y si ese espíritu maligno ha logrado meterse en mi familia e influir con sus malas enseñanzas a mis familiares, revélamelo y échalo fuera de mi hogar. Quiero que el amor mío y de mi familia por ti sea puro y santo a tus ojos.

CAPÍTULO 3

LA MALDICIÓN DE UNA CONCIENCIA CAUTERIZADA

En las cartas decía: "Decreten un día de ayuno, y den a Nabot un lugar prominente en la asamblea del pueblo. Pongan frente a él a dos sinvergüenzas y háganlos testificar que él ha maldecido tanto a Dios como al rey. Luego sáquenlo y mátenlo a pedradas … Llegaron los dos sinvergüenzas, se sentaron frente a él y lo acusaron ante el pueblo, diciendo: "¡Nabot ha maldecido a Dios y al rey!". Como resultado, la gente lo llevó fuera de la ciudad y lo mató a pedradas. Entonces le informaron a Jezabel: "Nabot ha sido apedreado, y está muerto".

—1 Reyes 21:9-10, 13-14

AQUÍ TENEMOS UN ejemplo de Jezabel y Belial operando juntos. Los hombres de Belial habían sido evidentemente contratados para testificar en contra de Nabot de manera falsa. La traducción de Reina Valera 1960 afirma: "Vinieron entonces dos hombres perversos".* *Belial hace que los hombres actúen sin conciencia.*

Luego, Pablo declara que había algunos que utilizarían "la hipocresía de mentirosos que, teniendo cauterizada la conciencia" (1 Timoteo 4:2). En tanto, otras traducciones en diversos idiomas dicen *que tienen la conciencia muerta, que están marcados por el diablo* o *cuya conciencia está quemada* (cauterizada).

Cauterizar significa insensibilizar. Una de las maneras en las que Belial es capaz de hacer que los hombres cometan actos viles es cauterizando la conciencia. Los hombres sin conciencia son capaces de cometer cualquier acto sin sentir remordimiento.

Toda persona nace con una conciencia. El enemigo debe neutralizarla antes de seducir a los hombres para que cometan ciertos pecados. De acuerdo a Tito 1:15, la mente y la conciencia pueden ser corrompidas. *Corromper* significa contaminar o ensuciar. Obviamente, eso hace referencia a los espíritus malignos que obran en la conciencia. Cuando ésta se cauteriza, los hombres y las mujeres les abren la puerta a todo tipo de espíritus sucios y a sus maldiciones, capaces de todo tipo de hechos sucios. Por ejemplo, hoy hay muchos que ya no piensan que la homosexualidad, el lesbianismo y el incesto sean algo malo.

Belial les ha cauterizado la conciencia para que acepten

---

* N. del T.: En algunas versiones de la Biblia en inglés, se refieren a estos dos hombres como "hombres que no tenían conciencia".

esas cosas como estilos de vida aceptables. Cuando se cauteriza la conciencia, los hombres son capaces de llevar a cabo los hechos más viles y enfermizos. Casi no hay límite a la depravación que pueden exhibir cuando están atrapados por la maldición de una conciencia cauterizada.

ORACIONES

Padre, como los hombres que estaban listos para apedrear a la mujer atrapada en el acto del adulterio, aun cuando eran prisioneros de su propia conciencia y por eso se "fueron retirando uno tras otro, comenzando por los más viejos, hasta dejar a Jesús solo con la mujer, que aún seguía allí" (Juan 8:8-10), condéname por los pecados que intento esconder y no logro admitir, y llévame al arrepentimiento.

Padre, hazme como Pablo, que "se quedó mirando fijamente al Consejo y dijo: "Hermanos, hasta hoy yo he actuado delante de Dios con toda buena conciencia" (Hechos 23:1-2).

Señor, "Tengo en Dios la misma esperanza que estos hombres profesan, de que habrá una resurrección de los justos y de los injustos. En todo esto, procuro conservar siempre limpia mi conciencia delante de Dios y de los hombres" (Hechos 24:15-17).

Padre, como creyente, sé que "no hay más que un sólo Dios, el Padre, de quien todo procede y para el cual vivimos; y no hay más que un sólo Señor, es decir, Jesucristo, por quien todo existe y por medio del cual vivimos". Pero como el apóstol Pablo, que escribió: "no todos tienen conocimiento de esto. Algunos siguen tan acostumbrados a los ídolos, que comen carne a sabiendas de que ha sido sacrificada a un ídolo, y su conciencia se contamina por ser débil" (1 Corintios 8:6-7). Hazme sensible a los demás cuya conciencia es débil y que pueden seguir estando atados a tradiciones ritualistas. Padre, tu Palabra me advierte para que tenga cuidado de que mi libertad "no se convierta en motivo de tropiezo para los débiles" (1 Corintios 8:9). Hazme sensible con los demás para que nadie sea herido por mis actos. Porque: "Al pecar así contra los hermanos, hiriendo su débil conciencia", pecamos contra Cristo (v. 12).

Señor, hazme digno de decir, como Pablo: "Para nosotros, el motivo de satisfacción es el testimonio de nuestra conciencia: Nos hemos comportado en el mundo, y especialmente entre ustedes, con la santidad y sinceridad que vienen de Dios. Nuestra conducta no se ha ajustado a la sabiduría humana, sino a la gracia de Dios" (2 Corintios 1:12).

Padre, renuncio a "todo lo vergonzoso que se hace a escondidas" (2 Corintios 4:2). Al igual que Pablo, digo: "Más bien, hemos renunciado a todo lo vergonzoso que se hace a escondidas; no actuamos con engaño ni torcemos la palabra de Dios. Al contrario, mediante la clara exposición de la verdad, nos recomendamos a toda conciencia humana en la presencia de Dios. Pero si nuestro evangelio está encubierto, lo está para los que se pierden" (2 Corintios 4:2-3).

Señor, guárdame de tener una conciencia insensible. Permíteme que te sirva con honradez e integridad, como Pablo, "por tanto, como sabemos lo que es temer al Señor, tratamos de persuadir a todos, aunque para Dios es evidente lo que somos, y espero que también lo sea para la conciencia de ustedes" (2 Corintios 5:11).

Padre, haz de mí un tipo de maestro de tu Palabra como Pablo, que instruyó a Timoteo para que ordenara "a algunos supuestos maestros que dejen de enseñar doctrinas falsas y de prestar atención a leyendas y genealogías interminables. Esas cosas provocan controversias, en vez de llevar adelante la obra de Dios, que es por la fe. Debes hacerlo así para que el amor brote de un corazón limpio, de una buena conciencia y de una fe sincera. Algunos se han desviado de esa línea de conducta y se han enredado en discusiones inútiles. Pretenden ser maestros de la ley, pero en realidad no saben de qué hablan ni entienden lo que con tanta seguridad afirman" (1 Timoteo 1:3-7). Que todo lo que haga provenga del amor… de un corazón puro, de una buena conciencia y de una fe sincera.

Señor, permite que pelee "la buena batalla y mantenga la fe y una buena conciencia" (1 Timoteo 1:18-19).

Padre, sólo seré digno de servirte como diácono en la iglesia si mantengo pura mi vida y protejo mi conciencia de ser marcada por el pecado. Si me otorgan la confianza sagrada de un diácono, hazme seguir las instrucciones de Pablo: "Los diáconos, igualmente, deben ser honorables, sinceros, no amigos del mucho vino ni codiciosos de las ganancias mal habidas. Deben guardar, con una conciencia limpia, las grandes verdades de la fe. Que primero sean puestos a prueba, y después, si no hay nada que reprocharles, que sirvan como diáconos" (1 Timoteo 3:8-10).

Padre, déjame decir con Pablo: "Doy gracias a Dios, a quien sirvo con una conciencia limpia como lo hicieron mis antepasados" (2 Timoteo 1:3).

Señor, cuando nos encontremos ante ti: "Acerquémonos, pues, a Dios con corazón sincero y con la plena seguridad que da la fe, interiormente purificados de una conciencia culpable y exteriormente lavados con agua pura" (Hebreos 10:22).

Señor, ayúdame a clamar al poder de los intercesores pidiéndoles a tus guerreros de oración que: "Oren por nosotros, porque estamos seguros de tener

la conciencia tranquila y queremos portarnos honrada-
mente en todo" (Hebreos 13:18).

Señor, haz que siempre sea consciente de seguir tus
pasos y recordar cómo has sufrido por mí. Tus palabras
me hacen recordar: "Porque es digno de elogio que, por
sentido de responsabilidad delante de Dios, se soporten
las penalidades, aun sufriendo injustamente. Pero, ¿cómo
pueden ustedes atribuirse mérito alguno si soportan que
los maltraten por hacer el mal? En cambio, si sufren
por hacer el bien, eso merece elogio delante de Dios" (1
Pedro 2:19-20).

Padre, quiero ser el tipo de cristiano que pueda
seguir el consejo de Pedro: "Más bien, honren en su
corazón a Cristo como Señor. Estén siempre prepa-
rados para responder a todo el que les pida razón de
la esperanza que hay en ustedes. Pero háganlo con
gentileza y respeto, manteniendo la conciencia limpia,
para que los que hablan mal de la buena conducta de
ustedes en Cristo, se avergüencen de sus calumnias. Si
es la voluntad de Dios, es preferible sufrir por hacer el
bien que por hacer el mal" (1 Pedro 3:15-17).

Capítulo 4

Maldecidos por espíritus de enfermedad

Lo que le ha sobrevenido es cosa del demonio;
de esa cama no volverá a levantarse.

—Salmo 41:8

E L VERSÍCULO INDICA con claridad que "es cosa del demonio". En tiempos bíblicos, se consideraba que las enfermedades mortales eran cosa de Belial. Algunas versiones dicen: "Una enfermedad incurable ha caído sobre él, ese que está postrado no volverá a levantarse" (Biblia del Pueblo de Dios), o "Cosa de infierno ha caído sobre él, ahora que se ha acostado, ya no ha de levantarse" (41:9, Biblia de Jerusalén).

Belial también tiene huestes de espíritus de enfermedad que responden a él. Donde haya inmoralidad, habrá enfermedad y muerte. Son maldiciones que caen sobre los perversos y los malos. Recordemos que Belial desea atraer a las personas al pecado, la inmoralidad y la perversión para hacer que caiga el juicio del Señor sobre su nación.

"Dios juzgará a los adúlteros y a todos los que cometen inmoralidades sexuales" (Hebreos 13:4). Es posible que el SIDA sea algo de Belial que cae sobre la persona. Sin duda, el SIDA es resultado del pecado, la homosexualidad, la fornicación, la perversión y el abuso de drogas. Es mortal y, en lo natural, no hay cura para tal enfermedad. La versión bíblica Reina Valera 95 dice en el Salmo 41:8: "Cosa maligna se ha apoderado de él; el que cayó en cama no volverá a levantarse".

El contexto del Salmo 41, una vez más, lo constituyen los ataques de Belial contra David, el ungido del Señor. David declara: "Mis enemigos se juntan y cuchichean contra mí; me hacen responsable de mi mal" (Salmo 41:7). Vuelve a mencionarse a Belial en este contexto. Creo que como espíritu de los últimos tiempos, Belial ha sido enviado por el enemigo para atacar a los dones del ministerio.

Sus ataques pueden incluir maldiciones de hechicería contra verdaderos siervos sinceros del Señor, algo que puede manifestarse por medio de enfermedades. Los líderes necesitan el apoyo de la oración constante contra esos espíritus liberados bajo el poder de Belial, que detesta los dones del ministerio e intenta destruirlos.

ORACIONES

Señor, tu Palabra promete: "Adora al Señor tu Dios, y él bendecirá tu pan y tu agua. Yo apartaré de ustedes toda enfermedad" (Éxodo 23:25).

Padre, quiero servirte con honradez y obediencia, porque tu Palabra promete: "Si prestas atención a estas normas, y las cumples y las obedeces, entonces el Señor tu Dios cumplirá el pacto que bajo juramento hizo con tus antepasados … Bendito serás, más que cualquier otro pueblo; no habrá entre los tuyos hombre ni mujer estéril, ni habrá un solo animal de tus ganados que se quede sin cría. El Señor te mantendrá libre de toda enfermedad y alejará de ti las horribles enfermedades que conociste en Egipto" (Deuteronomio 7:12-15).

Señor, cuando anduviste por la tierra fuiste "por toda Galilea, enseñando en las sinagogas, anunciando las buenas nuevas del reino, y sanando toda enfermedad y dolencia entre la gente" (Mateo 4:23). Anda hoy con mi familia y mis seres queridos. Señor "sana toda enfermedad y dolencia" que intente afligir a mis seres amados, por tu santo poder.

Padre, dame una fe tan firme como la del leproso que "vino y te adoró", al decir. "Señor, si quieres puedes limpiarme". Tu Palabra dice que de inmediato: "Jesús extendió la mano y tocó al hombre. —Sí quiero —le dijo—. ¡Queda limpio! Y al instante quedó sano de la lepra" (Mateo 8:2-3). La enfermedad del leproso sanó a causa de su fe.

Jesús, tú eres el Gran Médico. Tu vida en la tierra estuvo marcada por milagros de sanidad. Cuando un centurión te pidió que sanaras a su sirviente que estaba enfermo en su casa, dijiste: "Iré a sanarlo". Pero el hombre tenía tanta fe en tu poder, que dijo: "Basta con que digas una sola palabra, y mi siervo quedará sano" y honraste su fe diciéndole: "¡Ve! Todo se hará tal como creíste". Y en esa misma hora, aquel siervo quedó sanó (Mateo 8:5-13).

Jesús, cuando visitaste la casa de Pedro, viste a su suegra "en cama, con fiebre". Le tocaste "la mano y la fiebre se le quitó; luego ella se levantó" y comenzó a servirte (Mateo 8:14-15). ¡Qué médico tan maravilloso eres, Señor!

Señor, ayúdame a ser como aquellos que creían tanto en tu poder para sanar, que te "llevaban muchos endemoniados", y con una sola palabra expulsabas a los espíritus, y sanabas a todos los enfermos (Mateo 8:16). Eres en verdad el Gran Médico, que "tomó sobre sí nuestras enfermedades y cargó con nuestras dolencias".

Señor, en tu infinita sabiduría sabes que no son solamente nuestros cuerpos los que necesitan tu toque sanador, sino que nuestras almas también te necesitan. Cuando te trajeron a un paralítico para que sanaras su cuerpo primero sanaste su espíritu, al perdonarle sus pecados y luego le dijiste: "Levántate, toma tu camilla y vete a tu casa". Y el hombre se levantó y se fue a su casa (Mateo 9:7).

Señor, cuando los fariseos les preguntaron a tus discípulos por qué te sentabas a comer con recaudadores de impuestos y pecadores, les dijiste: "No son los sanos los que necesitan médico, sino los enfermos. Pero vayan y aprendan lo que significa: Misericordia quiero y no sacrificio" (Mateo 9:12-13). Ayúdame a entender que con misericordia, me has llamado y sanado físicamente y espiritualmente.

Señor, tu poder sanador es tan potente, que puede levantar a los muertos. Cuando fuiste a la casa del funcionario y viste que su hija había muerto y que la multitud ya estaba siguiendo su tradición de duelo, les dijiste: "Váyanse. La niña no está muerta, sino dormida". Y la niña "se levantó" (Mateo 9:23-24). Creeré en tu poder para sanar y resucitar a los muertos, Señor, y no dudaré de tu palabra.

Señor, cuando dos ciegos te siguieron y te pidieron que los sanaras, les preguntaste: "¿Creen que puedo sanarlos?". "Sí, Señor", respondieron.

Y les tocaste los ojos y los sanaste. Que nunca olvide las palabras que les dijiste: "Se hará con ustedes conforme a su fe" (Mateo 9:27.30). ¡Aumenta mi fe, Señor, para creer en lo imposible!

Señor, ibas por "todos los pueblos y aldeas enseñando en las sinagogas, anunciando las buenas nuevas del reino, y sanando toda enfermedad y toda dolencia" (Mateo 9:35). Tuviste compasión de la gente y dijiste que "estaban agobiadas y desamparadas, como ovejas sin pastor" (v. 36). Así como entonces, Señor, "la mies es mucha, pero los obreros son pocos". Envíame como obrero a tu mies, Señor. Ayúdame a comunicar la nueva de tu poder para sanar y salvar.

Cuando llamaste a tus doce discípulos, Señor, les diste "autoridad para expulsar a los espíritus malignos y sanar toda enfermedad y toda dolencia" (Mateo 10:1). Ayúdame a entender que me has llamado a ser tu discípulo y que me has dado el mismo poder para echar fuera demonios y hasta al maligno espíritu de Belial, y para sanar a los enfermos.

Señor, les dijiste a tus discípulos: "Dondequiera que vayan, prediquen este mensaje: El reino de los cielos está cerca. Sanen a los enfermos, resuciten a los muertos, limpien de su enfermedad a los que tienen lepra, expulsen a los demonios. Lo que ustedes recibieron gratis, denlo gratuitamente" (Mateo 10:7-8). Soy tu discípulo y obedeceré tu orden de ir.

Padre, ayúdame a entender que cuando sirvo al prójimo te estoy ministrando a ti. Cuando los discípulos te preguntaron: "Señor, ¿cuándo te vimos hambriento y te alimentamos, o sediento y te dimos de beber? ¿Cuándo te vimos como forastero y te dimos alojamiento, o necesitado de ropa y te vestimos? ¿Cuándo te vimos enfermo o en la cárcel y te visitamos?", tu respuesta fue la misma que me das a mí: Les aseguro que todo lo que hicieron por uno de mis hermanos, aun por el más pequeño, lo hicieron por mí" (Mateo 25:37-40).

Padre, en tu Palabra has dado una maravillosa promesa a los que creen en ti. Demostraste que tu poder era mayor que el del maligno Belial, porque a los que son salvos les prometiste: "Quien cree en mí podrá hacer cosas maravillosas. En mi nombre, echarán demonios y hablarán nuevas lenguas. Las serpientes no les morderán y beberán veneno y nada les pasará. Sanarán a los enfermos imponiéndoles las manos".

Padre, dame un espíritu como el de Pedro que, después de ser lleno de tu Espíritu Santo estaba tan lleno de tu poder que "hasta sacaban a los enfermos a las plazas y los ponían en colchonetas y camillas para que, al pasar Pedro, por lo menos su sombra cayera sobre alguno de ellos" (Hechos 5:14-16).

Señor, dame la confianza que tenía Pedro de saber que había sido lleno con tu poder para sanar. Cuando vio a un hombre que había pasado los últimos ocho años en cama, le dijo: "¡Jesucristo te sana. Levántate y tiende tu cama!". Y el hombre se levantó enseguida (Hechos 9:33-34).

Padre, cuando una maravillosa mujer griega de Jope que "se esmeraba en hacer buenas obras y en ayudar a los pobres ... enfermó y murió", tus seguidores mandaron a buscar a Pedro para que viniera a sanarla. Después de hacer salir a los que lloraban su muerte, Pedro le dijo: "Tabita, ¡levántate!". Cuando abrió los ojos y vio a Pedro, se sentó y él la tomó de la mano y la ayudó a levantarse (Hechos 9:36-41). Esta historia me enseña a ocuparme de ayudar a los demás, puesto que siempre te ocuparás de mí.

Como a Pedro, Señor, también a Pablo le diste poder para sanar. Tu Palabra nos dice: "Dios hacía milagros extraordinarios por medio de Pablo, a tal grado que a los enfermos les llevaban pañuelos y delantales que habían tocado el cuerpo de Pablo, y quedaban sanos de sus enfermedades y los espíritus malignos salían de ellos" (Hechos 19:11-12). Dame tu poder sobrenatural para sanar también y permite que sane a los enfermos y eche al espíritu de Belial que hoy está operando en nuestro mundo.

Padre, tu glorioso poder para sanar protegió incluso a Pablo de la mordida de una serpiente peligrosa. Él se sacudió la serpiente, asimismo tenemos poder para sacudirnos el espíritu de Belial. Fue un testimonio tan poderoso para todos los que estaban allí, que le dio a Pablo la oportunidad de sanar a los enfermos de la isla (Hechos 28:3-9). Que tu poder sanador obre en mí para que pueda ser un poderoso testigo de tu poder y tu gloria.

Padre, tu Palabra nos ordena: "¿Está enfermo alguno de ustedes? Haga llamar a los ancianos de la iglesia para que oren por él y lo unjan con aceite en el nombre del Señor. La oración de fe sanará al enfermo y el Señor lo levantará. Y si ha pecado, su pecado se le perdonará. Por eso, confiésense unos a otros sus pecados, y oren unos por otros, para que sean sanados. La oración del justo es poderosa y eficaz" (Santiago 5:14-16).

¡Qué maravillosa promesa nos has dado, Señor!: "La oración de fe les sanará y Jesús les levantará. Y si han pecado, serán perdonados, sanados por dentro y por fuera" (Santiago 5:16).

CAPÍTULO 5

LOS ESPÍRITUS DEL ALCOHOL Y LA EBRIEDAD

Sus labios se movían pero, debido a que Ana oraba en voz baja, no se podía oír su voz. Elí pensó que estaba borracha, así que le dijo:
—¿Hasta cuándo te va a durar la borrachera? ¡Deja ya el vino! —No, mi señor; no he bebido ni vino ni cerveza. Soy sólo una mujer angustiada que ha venido a desahogarse delante del Señor. No me tome usted por una mala mujer. He pasado este tiempo orando debido a mi angustia y aflicción.
—1 Samuel 1:13-16

EN ALGUNAS VERSIONES de la Biblia en otros idiomas el versículo 16 dice: "No me tomes como una hija de Belial". Elí pensó que Ana estaba ebria. El espíritu de Belial obra a través del *alcohol* y la *ebriedad*. La ebriedad es una manera de romper con la moralidad y llevar a las personas a la *lujuria* y la *perversión*. Yo creo que los espíritus del alcohol y la ebriedad obran bajo la fuerza de Belial.

Es sabido que los hijos de padres alcohólicos muchas veces son víctimas de abusos sexuales, incluso de incesto. El alcohol también puede abrirle la puerta al espíritu de la *violación*, incluso al de la "violación en citas" (que se da mucho en los recintos universitarios).

Proverbios nos advierte sobre los peligros del alcohol:

> No te fijes en lo rojo que es el vino, ni en cómo brilla en la copa, ni en la suavidad con que se desliza; porque acaba mordiendo como serpiente y envenenando como víbora. Tus ojos verán alucinaciones, y tu mente imaginará estupideces.
>
> —Proverbios 23:31-33

Estos versículos nos muestran la conexión del espíritu de la perversión con la ebriedad. Prevenir significa "prever, ver, conocer de antemano o con anticipación un daño o perjuicio". La perversión sexual se ha vuelto desenfrenada en nuestro mundo con la promoción de la homosexualidad y el lesbianismo como un estilo de vida aceptable. De acuerdo con la Palabra de Dios, son *perversiones*. Los espíritus de la perversión, incluyendo a la homosexualidad y el lesbianismo, obran bajo el poder de Belial. La Palabra de Dios también llama *sodomía* a esto.

La *sodomía* es definida como la copulación con un miembro del mismo sexo o con un animal (bestialidad).

También es una copulación no coital, especialmente anal u oral con un miembro del sexo opuesto. El término "sodomita" es mencionado cinco veces en el Antiguo Testamento.

Las sodomitas eran prostitutas del templo que participaban de la adoración a los ídolos de la fertilidad en Canaán. Esos actos viles eran parte de la adoración de los canaanitas.

LOS HIJOS DE ELÍ

> Los hijos de Elí eran unos perversos que no tomaban en cuenta al Señor. Elí, que ya era muy anciano, se enteró de todo lo que sus hijos le estaban haciendo al pueblo de Israel, incluso de que se acostaban con las mujeres que servían a la entrada del santuario.
>
> —1 Samuel 2:12,22

Los hijos de Elí representan el *ministerio*. Ellos, junto con Elí, estaban encargados del sacerdocio, la administración del templo y los sacrificios de Israel. Sus abusos hicieron que el Señor los enjuiciara y que hubiera una nueva orden bajo Samuel. Ellos son llamados "hijos de Belial". Estaban siendo motivados y controlados por el espíritu de Belial.

Una de las tareas de Belial es ensuciar el templo de Dios. El blanco de este espíritu es el ministerio. Desea alejar de Dios a los siervos, sus elegidos, y llevarlos al pecado (especialmente al sexual) para traer reproches a la iglesia.

Esos sacerdotes también eran culpables de gula "con lo mejor de todas las ofrendas de Israel" (1 Samuel 2:29). "Así que el pecado de estos jóvenes era gravísimo a los ojos del Señor, pues trataban con desprecio las ofrendas que le pertenecían" (1 Samuel 2:17).

> Si alguien peca contra otra persona, Dios le servirá de árbitro; pero si peca contra el Señor, ¿quién podrá interceder por él?
> —1 Samuel 2:25

Una traducción libre de la Biblia en otro idioma dice: "Pues la voluntad de Yahvé era quitarles la vida". El Señor juzgó su pecado con la muerte. No hay razón para ese tipo de actividad, especialmente por parte de aquellos que están en el ministerio. Dios prohíbe que los hombres de Dios se acuesten con las mujeres de su congregación.

El espíritu de Belial desea hacer que los siervos de Dios hagan este tipo de actividades odiosas para traerles maldiciones y juicios. Los hijos de Elí "no conocían al Señor". Los verdaderos apóstoles, profetas, evangelistas, pastores y maestros conocen al Señor. También saben que hay valores morales dentro de los que se espera que vivan los sirvientes de Dios.

Recuerde: "Dios condenará a los que hagan cosas malas y sean adúlteros" (Hebreos 13:4). Dios le dijo a Elí:

> "Ya le dije que por la maldad de sus hijos he condenado a su familia para siempre; él sabía que estaban

blasfemando contra Dios y, sin embargo, no los refrenó".

—1 Samuel 3:13

Este versículo nos dice que Dios considera *viles* sus acciones. Otra traducción afirma "que sus hijos se estaban echando una maldición a sí mismos". Y otra más, lo traduce así: "porque sus hijos estaban blasfemando contra Dios".

De nuevo, el trabajo de Belial es hacer que los hombres cometan pecados abominables para que Dios los maldiga.

> Saben bien que, según el justo decreto de Dios, quienes practican tales cosas merecen la muerte; sin embargo, no sólo siguen practicándolas, sino que incluso aprueban a quienes las practican.
>
> —Romanos 1:32

¿Qué pecados menciona Pablo que merezcan la muerte? La respuesta es *idolatría, homosexualidad* y *lesbianismo.* Aclaro que no estoy decretando que todo aquel que cometa estos pecados debe morir. Gracias a Dios por su misericordia. A todos se nos ofrece la salvación. Jesús murió y derramó su sangre por el pecado. Aquellos que se arrepientan y acepten su sacrificio, recibirán la liberación y el perdón por los pecados.

Sin embargo, el juicio de Dios les llega a aquellos que con un corazón duro e impenitente, no se arrepienten (Romanos 2:5). No importa lo que nos quieran decir los medios seculares en cuanto a la homosexualidad y al lesbianismo, son perversiones y están bajo el juicio de Dios.

> Por tanto, Dios los entregó a pasiones vergonzosas. En efecto, las mujeres cambiaron las relaciones naturales por las que van contra la naturaleza. Así mismo los hombres dejaron las relaciones naturales con la mujer y se encendieron en pasiones lujuriosas los unos con los otros. Hombres con hombres cometieron actos indecentes, y en sí mismos recibieron el castigo que merecía su perversión.
>
> —Romanos 1:26-27

La Biblia de las Américas dice: "pasiones degradantes". La Reina Valera Antigua indica "afectos vergonzosos". Y otra más, "hombres con hombres haciendo abominaciones".

La definición de la Real Academia Española para la palabra abominar es "condenar y maldecir a alguien o algo por considerarlo malo o perjudicial". Es decir, que causa rechazo, profundo desagrado e incluso asco.

> Además, como estimaron que no valía la pena tomar en cuenta el conocimiento de Dios, él a su vez los entregó a la depravación mental, para que hicieran lo que no debían hacer.
>
> —Romanos 1:28

Los espíritus reprobados también obran con la homosexualidad y la perversión. El concepto de reprobar es "rechazado como sin valor, abandonado moralmente, depravado". Y la definición de Belial es *sin valor*.

Cuando algo es reprobado, ha sido juzgado por Dios como algo sin valor y, por lo tanto, rechazado. Otra versión dice: "Dios los entregó a una mente baja". La palabra *baja* quiere decir de poco valor. Su sinónimo es *vil* en referencia a "abatido, bajo o despreciable".

Belial usa su poder para llevar a los hombres a pecados que son bajos y viles. Los espíritus reprobados y los de la homosexualidad y el lesbianismo operan bajo el poder de Belial maldiciendo a los hombres para que cometan actos viles y, por eso, llevarlos ante el juicio de Dios.

El apóstol Pablo prosigue mencionando a un anfitrión de los espíritus malignos que entra a la mente una vez que es reprobada:

> Se han llenado de toda clase de maldad, perversidad, avaricia y depravación. Están repletos de envidia, homicidios, disensiones, engaño y malicia. Son chismosos, calumniadores, enemigos de Dios, insolentes, soberbios y arrogantes; se ingenian maldades; se rebelan contra sus padres; son insensatos, desleales, insensibles, despiadados.
>
> —Romanos 1:29-31

Estos versículos dicen que están *llenos* de esas cosas. Esta es obviamente una lista de los demonios que entran y habitan en aquellos que son culpables de pecados básicos. En otras palabras, los culpables de estos pecados se convierten en endemoniados.

Los actos sexuales sucios acarrean maldiciones de los espíritus sucios. La única solución es el arrepentimiento y la liberación.

ORACIONES

EBRIEDAD

Padre, ayúdame a escuchar las advertencias de tu palabra para que tengamos "cuidado, no sea que se les endurezca el corazón por el vicio, la embriaguez y las preocupaciones de esta vida. De otra manera, aquel día caerá de improviso sobre ustedes, pues vendrá como una trampa sobre todos los habitantes de la tierra" (Lucas 21:33-35).

Padre, ayúdame a vivir y *comportarme* "decentemente, como a la luz del día, no en orgías y borracheras, ni en inmoralidad sexual y libertinaje, ni en disensiones y envidias" (Romanos 13:12-14).

Señor, quiero hacer lo que quieres que haga, porque seguir mis propios deseos me llevará a la perdición. "Las obras de la naturaleza pecaminosa se conocen bien: inmoralidad sexual, impureza y libertinaje; idolatría y brujería; odio, discordia, celos, arrebatos de ira, rivalidades, disensiones, sectarismos y envidia; borracheras, orgías, y otras cosas parecidas" (Gálatas 5:19-22). Yo no quiero vivir así, Señor. Quiero honrarte y servirte en todo lo que haga.

Padre, nos ofreces un buen consejo en tu Palabra; uno que quiero seguir: "Hijo mío, presta atención y sé sabio; mantén tu corazón en el camino recto. No te juntes con los que beben mucho vino, ni con los que se hartan de carne, pues borrachos y glotones, por su indolencia, acaban harapientos y en la pobreza" (Proverbios 23:20-21).

Padre, tu Palabra me advierte que sea cuidadoso con el tipo de gente con el que me relaciono. Ayúdame a seguir tu consejo para no relacionarme "con nadie que, llamándose hermano, sea inmoral o avaro, idólatra, calumniador, borracho o estafador" (1 Corintios 5:11). Ayúdame a elegir sabiamente a mis amigos.

Señor, no quiero emborracharme "con vino, que lleva al desenfreno". Quiero estar lleno "del Espíritu" (Efesios 5:18). Lléname con tu Espíritu, Señor.

Dios, desde los tiempos de Aarón, has instruido a tus líderes cristianos y a tus ministros que: "Ni tú ni tus hijos deben beber vino ni licor cuando entren en la Tienda de reunión, pues de lo contrario morirán. Éste es un estatuto perpetuo para tus descendientes, para que puedan distinguir entre lo santo y lo profano, y entre lo puro y lo impuro" (Levíticos 10:8-10). Que nunca te falle al hacer lo santo, lo impuro, por mis pecados y mi ebriedad.

Padre, nos has enseñado que quienquiera que "se consagre al Señor como nazareo, deberá abstenerse de vino y de otras bebidas fermentadas" (Números 6:2-3).

Ayúdame a comprender que la ebriedad destruye mi habilidad para mantenerme consagrado a ti y aléjame de aquellos que pueden apartarme de ti.

Señor, ayúdame a seguir el sencillo consejo de tu Palabra, que dice: "El vino lleva a la insolencia, y la bebida embriagante al escándalo; ¡nadie bajo sus efectos se comporta sabiamente!" (Proverbios 20:1).

Padre, tú tienes un fuerte consejo acerca de los peligros de la ebriedad para aquellos que son llamados a ser líderes, puesto que en tu palabra dices: "No conviene que los reyes se den al vino, ni que los gobernantes se entreguen al licor" (Proverbios 31:4). Ayúdame a honrar tu palabra en este sentido.

Señor, ayúdame a entender cuán fácil Satanás nos puede atrapar en la atadura del alcoholismo. Se torna en algo tan poderoso que domina la vida de una persona. Tu Palabra nos acuerda esto al decir: "¡Ay de los que se levantan de mañana para seguir la embriaguez, que se están hasta la noche, hasta que el vino los enciende! Y en sus banquetes hay arpas, vihuelas, tamboriles, flautas y vino, y no miran la obra de Jehová, ni consideran la obra de sus manos. Por tanto, mi pueblo fue llevado cautivo, porque no tuvo conocimiento; y su gloria pereció de hambre, y su multitud se secó de sed" (Isaías 5:11-13).

Señor, el enemigo nos ciega ante los peligros de la ebriedad y el alcoholismo, y tu Palabra describe cómo afecta a nuestro mundo: "¡Ay de los que se consideran sabios, de los que se creen inteligentes! ¡Ay de los valientes para beber vino, de los valentones que mezclan bebidas embriagantes, de los que por soborno absuelven al culpable, y le niegan sus derechos al indefenso! Por eso, así como las lenguas de fuego devoran la paja y el pasto seco se consume en las llamas, su raíz se pudrirá y, como el polvo, se disipará su flor. Porque han rechazado la ley del Señor Todopoderoso y han desdeñado la palabra del Santo de Israel" (Isaías 5:21-24).

Padre, despierta a los líderes espirituales del mundo de hoy para que comprendan tu disgusto con su ebriedad. Tu Palabra dice: "También sacerdotes y profetas se tambalean por causa del vino, trastabillan por causa del licor; quedan aturdidos con el vino, tropiezan a causa del licor. Cuando tienen visiones, titubean; cuando toman decisiones, vacilan. ¡Sí, regadas de vómito están todas las mesas, y no queda limpio ni un solo lugar! ¿A quién creen que están enseñando? ¿A quién le están explicando su mensaje? ¿Creen que somos niños recién destetados, que acaban de dejar el pecho? ¿Niños que repiten: 'a-b-c-ch-d, a-e-i-o-u, un poquito aquí, un poquito allá'?" (Isaías 28:7-10).

PERVERSIDAD

La Palabra de Dios dice que Él es "la Roca; sus obras son perfectas, y todos sus caminos son justos. Dios es fiel; no practica la injusticia. Él es recto y justo. Actuaron contra él de manera corrupta; para vergüenza de ellos, ya no son sus hijos; ¡son una generación torcida y perversa!" (Deuteronomio 32:4-5). Padre, haz que todo lo que yo haga les demuestre a los demás que tú eres mi Roca. Límpiame de toda perversidad.

Padre, sé que a veces te fallaré y pecaré contra ti. Ayúdame a recordar lo que dice tu palabra que debo hacer cuando eso suceda: "Si tu pueblo peca contra ti, y tú te enojas con ellos y los entregas al enemigo para que se los lleven cautivos a otro país, lejano o cercano; si en el destierro, en el país de los vencedores, se arrepienten y se vuelven a ti, y oran a ti diciendo: Somos culpables, hemos pecado, hemos hecho lo malo, y allá en la tierra de sus enemigos que los tomaron cautivos se vuelven a ti de todo corazón y con toda el alma, y oran a ti y dirigen la mirada hacia la tierra que les diste a sus antepasados, hacia la ciudad que has escogido y hacia el templo que he construido en tu honor, oye tú su oración y su súplica desde el cielo, donde habitas, y defiende su causa. Perdona a tu pueblo, que ha pecado contra ti; perdona todas las ofensas que te haya infligido. (1 Reyes 8:46-50). Gracias por darme y demostrarme tu misericordia, Señor.

Padre, ayúdame para que alejes de mi "boca la perversidad; aparta de [mis] … labios las palabras corruptas" (Proverbios 4:24).

Señor, ayúdame a buscar la integridad, ya que tu Palabra dice que "a los justos los guía su integridad; a los falsos los destruye su hipocresía" (Proverbios 11:3).

Padre, protégeme de la ebriedad y del alcoholismo y de todo tipo de perversidad. Haz que esté tan consagrado a tu voluntad que desee hacer "todo sin quejas ni contiendas, para que [sea] intachable y puro, hijo de Dios sin culpa en medio de una generación torcida y depravada". En ella, brillo como una estrella en el firmamento, manteniendo en alto la palabra de vida. Así en el día de Cristo me sentiré satisfecho de no haber corrido ni trabajado en vano (Filipenses 2:14-16).

Capítulo 6

Espíritus que causan maldiciones de violación y abuso sexual

Mientras pasaban un momento agradable, algunos hombres perversos de la ciudad rodearon la casa. Golpeando la puerta, le gritaban al anciano dueño de la casa: ¡Saca al hombre que llegó a tu casa! ¡Queremos tener relaciones sexuales con él! El dueño de la casa salió y les dijo: No, hermanos míos, no sean tan viles, pues este hombre es mi huésped. ¡No cometan con él tal infamia! Miren, aquí está mi hija, que todavía es virgen, y la concubina de este hombre. Las voy a sacar ahora, para que las usen y hagan con ellas lo que bien les parezca. Pero con este hombre no cometan tal infamia. Aquellos perversos no quisieron hacerle caso, así que el levita tomó a su concubina y la echó a la calle. Los hombres la violaron y la ultrajaron toda la noche, hasta el amanecer; ya en la madrugada la dejaron ir.

—Jueces 19:22-25

"**L**OS HOMBRES LA violaron y la ultrajaron toda la noche." Este es uno de los actos más viles que registra la Palabra de Dios. Los "hijos de Belial" violaron a aquella concubina hasta la mañana siguiente. Y al leer hasta el final de capítulo, nos enteramos de que murió a causa de ese acto vil. Literalmente, *la violaron hasta que falleció.*

> Despuntaba el alba cuando la mujer volvió, y se desplomó a la entrada de la casa donde estaba hospedado su marido. Allí se quedó hasta que amaneció. Cuando por la mañana su marido se levantó y abrió la puerta de la casa, dispuesto a seguir su camino, vio allí a su concubina, tendida a la entrada de la casa y con las manos en el umbral. "¡Levántate, vámonos!", le dijo, pero no obtuvo respuesta. Entonces el hombre la puso sobre su asno y partió hacia su casa.
>
> —Jueces 19:26-28

La Biblia del Pueblo de Dios dice: "No obtuvo respuesta [porque estaba muerta]". Lo que sucede entonces es muy gráfico:

> Cuando llegó a su casa, tomó un cuchillo y descuartizó a su concubina en doce pedazos, después de lo cual distribuyó los pedazos por todas las regiones de Israel. Todo el que veía esto decía: "Nunca se ha visto, ni se ha hecho semejante cosa, desde el día que los israelitas salieron de la tierra de Egipto.

> ¡Piensen en esto! ¡Considérenlo y dígannos qué hacer!".
>
> —Jueces 19:29-30

La versión RVR60 afirma: "Jamás se ha hecho ni visto tal cosa, desde el tiempo en que los hijos de Israel subieron de la tierra de Egipto hasta hoy".

Fue un acto abominable que dio origen a la guerra civil en Israel.

> Entonces la tomé, la corté en pedazos, y envié un pedazo a cada tribu en el territorio israelita, porque esa gente cometió un acto depravado e infame en Israel.
>
> —Jueces 20:6

La Palabra de Dios declara que fue un acto "depravado e infame". El diccionario de la RAE define *depravado* como: Demasiado viciado en las costumbres. La palabra *depravar* significa viciar, adulterar, pervertir. Es un acto obsceno, que causa repulsión. Belial hace que los hombres cometan actos viles y obscenos.

Otros espíritus que operan bajo el mando de Belial incluyen la violación y el abuso sexual. La concubina sufrió abuso y violación hasta que murió. La proliferación de violaciones y abusos sexuales que incluyen el *incesto* y la *sodomía*, son resultado del espíritu maligno de Belial.

He ministrado a miles de mujeres y hombres que fueron víctimas de abusos sexuales en su niñez. También he echado *espíritus de muerte* que habían entrado durante la violación.

Cuando alguien es violado, es como si la muerte entrara en el alma de esa persona.

Hoy, la maldición del abuso sexual hace estragos en nuestra nación. Esos espíritus inmundos son obra del maligno que les gobierna: Belial.

> Así que todos los israelitas, como un solo hombre, unieron sus fuerzas para atacar la ciudad. Las tribus de Israel enviaron mensajeros por toda la tribu de Benjamín, diciendo: "¿Qué les parece este crimen que se cometió entre ustedes? Entreguen ahora a esos malvados de Guibeá, para que los matemos y eliminemos así la maldad en Israel".
>
> —Jueces 20:11-13

Esa violación en masa causó tanta repulsión a las tribus de Israel que se unieron en contra de la ciudad de Guibeá y exigieron que se les entregara a los culpables de aquel crimen. Por eso decidieron matar a los culpables.

Hoy en los Estados Unidos, hay gran controversia en torno a la *pena de muerte*. Muchos de los liberales de nuestra nación piensan que es un método cruel que hay que declarar ilegal. Pero en la Palabra de Dios vemos pecados tan abominables como para merecer la pena de muerte. Este libro no tiene como fin debatir los pros y los contras de la pena de muerte, pero basta decir que la encontramos en la Palabra de Dios.

El *espíritu de Belial* quiere que toleremos esos actos viles en nuestra nación. Pero hay pecados tan crueles y abominables que mueven a la indignación moral a las personas, sean salvas o no. Los espíritus abominables que operan bajo Belial y que infligen maldiciones a las personas, incluyen: espíritus de violación, incesto, abuso sexual, impureza sexual, inmundicia, lujuria, lascivia, sodomía, degeneración y obscenidad.

ORACIONES

ABOMINACIONES

Padre, tu Palabra nos instruye así: "No te acostarás con un hombre como quien se acuesta con una mujer. Eso es una abominación" (Levítico 18:22). Revela el abominable pecado de la homosexualidad en nuestra nación, Señor, y lleva a tu pueblo al arrepentimiento.

Señor, tu Palabra revela una lista de abominables perversiones sexuales que juzgarás y hoy en nuestra nación vemos muchas de esas cosas: "Nadie se acercará a ningún pariente cercano para tener relaciones sexuales con él o con ella" e incluyes a los siguientes parientes en esta advertencia: padre, madre, esposa del padre, hermana, hija del padre, hija de la madre, hija de un hijo, hija de una hija, hija de la esposa del padre, hermana de los padres, hermana de la madre, hermano del padre, la esposa que es tía de uno, la nuera, la esposa de un hermano, una mujer y su hija, la hija de un hijo, la hija de una hija (Levítico 18:6-19).

Señor, enseñas que un hombre no debe tener relaciones sexuales con la mujer de su prójimo, ni la mujer con el esposo de otra (Levítico 18:20).

Padre, tú diste claras instrucciones de que nadie puede ofrecer a sus propios hijos como sacrificio a un falso ídolo o como sacrificio durante un falso ritual idólatra (Levítico 18:21). Padre, perdona a nuestro país por sacrificar cada año a millones de niños sin nacer, en el altar del aborto.

Dios, es abominación a tus ojos que un hombre o una mujer tengan relaciones sexuales con un animal. Tu palabra lo define como "perversión" (Levítico 18:22-23).

Padre, has dicho que las naciones que permiten que sucedan esas cosas abominables están contaminadas y has prometido que las desecharás. Esa nación está contaminada y tú la visitarás hasta que "la tierra vomite a sus habitantes" (Levítico 18:27-28).

Dios, tu Palabra declara: "Cualquiera que practique alguna de estas abominaciones será eliminado de su pueblo" (Levítico 18:29). Dios, llama a nuestra nación al arrepentimiento por su depravación sexual y su pecado. Redime a tu pueblo y sálvanos.

Señor: Hay seis cosas que aborreces, y siete que te son detestables (Proverbios 6:16–20):

- Los ojos que se enaltecen
- La lengua que miente
- Las manos que derraman sangre inocente
- El corazón que hace planes perversos
- Los pies que corren a hacer lo malo
- El falso testigo que esparce mentiras
- El que siembra discordia entre hermanos

TRAVESTISMO

Padre, tu palabra declara: "La mujer no se pondrá ropa de hombre, ni el hombre se pondrá ropa de mujer, porque el Señor tu Dios detesta a cualquiera que hace tal cosa" (Deuteronomio 22:5).

PROSTITUCIÓN

Padre, ordenas que: "Ningún hombre o mujer de Israel se dedicará a la prostitución ritual. No lleves a la casa del Señor tu Dios dineros ganados con estas prácticas, ni pagues con esos dineros ninguna ofrenda prometida, porque unos y otros son abominables al Señor tu Dios" (Deuteronomio 23:18).

IMPUREZA SEXUAL EN LA IGLESIA

Padre, así como advertiste a los hijos de Israel que les rechazarías y abandonarías si cometían impureza sexual e idolatría en el templo, estás advirtiéndoles hoy a las iglesias de los Estados Unidos acerca de los males que hay en su interior. Así que declaras: "La gente de Judá ha hecho el mal que yo detesto … Han profanado la casa que lleva mi nombre" (Jeremías 7:30).

Padre, al igual que en la Biblia, la impureza sexual en las iglesias del país ha salido a la luz, quedando expuesta a los ojos de todos. Dios les está diciendo a los países lo que le dijo a Israel: "Esto es lo que te ha tocado en suerte, ¡la porción que he medido para ti! … Ya que me has olvidado, y has confiado en la mentira [dioses falsos y alianzas con naciones idólatras]. ¡Yo también te alzaré las faldas hasta cubrirte el rostro y descubrir tus vergüenzas! He visto tus adulterios, tus relinchos [de adoración a falsos dioses], tu vergonzosa prostitución y tus abominaciones, en los campos y sobre las colinas. ¡Ay de ti, Jerusalén! ¿Hasta cuándo seguirás [desobedeciéndome] en tu impureza?" (Jeremías 13:25-27, traducción libre de la versión amplificada). Padre, llámanos al arrepentimiento, y perdona a nuestra nación por la inmoralidad sexualidad rampante que hay, aun en tu Iglesia.

Padre, haz que tu pueblo obedezca la advertencia tuya que dice: "Si el justo se aparta de la justicia y hace lo malo y practica los mismos actos repugnantes del malvado, ¿merece vivir? No, sino que morirá por causa de su infidelidad y de sus pecados (Ezequiel 18:24). Haz que reconozcamos lo peligroso que es permitir que la impureza se infiltre en tu iglesia. Haz que nos apartemos de nuestros pecados y malas conductas.

Dios, le diste a tu profeta Ezequiel un mensaje fuerte y hoy tu pueblo tiene que entender la verdad de tus palabras, porque los Estados Unidos han pecado como Israel. Tu amonestación es firme y temible: "Por tanto, adviérteles que así dice el Señor omnipotente: Ustedes comen carne con sangre, adoran a sus ídolos, y derraman sangre, ¿y aun así pretenden poseer el país? Además, confían en sus espadas, cometen abominaciones, viven en adulterio con la mujer de su prójimo, ¿y aun así pretenden poseer el país? Por tanto, adviérteles que así dice el Señor omnipotente: 'Tan cierto como que yo vivo... Convertiré al país en un desierto desolado.... Y cuando yo deje a este país como un desierto desolado por culpa de los actos detestables que ellos cometieron, sabrán que yo soy el Señor'" (Ezequiel 33:25-29). Padre, ¡oye nuestro ruego y salva a nuestra nación!

Padre, que podamos evitar los horribles resultados del pecado que nos muestra el ejemplo de Romanos. Tu Palabra nos dice: "Cambiaron la verdad de Dios por la mentira, adorando y sirviendo a los seres creados antes que al Creador... Dios los entregó a pasiones vergonzosas. En efecto, las mujeres cambiaron las relaciones naturales por las que van contra la naturaleza. Así mismo los hombres dejaron las relaciones naturales con la mujer y se encendieron en pasiones lujuriosas los unos con los otros. Hombres con hombres cometieron actos indecentes, y en sí mismos recibieron el castigo que merecía su perversión. Además, como estimaron que no valía la pena tomar en cuenta el conocimiento de Dios, este a su vez los entregó a la depravación mental, para que hicieran lo que no debían hacer. Se han llenado (permeado y saturado) de toda clase de maldad, perversidad, avaricia y depravación. Están repletos de envidia, homicidios, disensiones, engaño y malicia" (Romanos 1:25-29).

Padre, haz que el pueblo estadounidense oiga tu clara instrucción: "Por tanto, hagan morir (maten, priven de poder) todo lo que es propio de la naturaleza terrenal: inmoralidad sexual, impureza, bajas pasiones, malos deseos y avaricia, la cual es idolatría" (Colosenses 3:5). Salva a nuestra nación, Dios, y llámanos al arrepentimiento.

Señor, tú nos das consejos claros: "Por esto, despójense de toda inmundicia y de la maldad que tanto abunda, para que puedan recibir con humildad la palabra sembrada en ustedes, la cual tiene poder para salvarles la vida" (Santiago 1:21). Apártanos de nuestra lujuria pecaminosa y de la impureza sexual y permite que tu palabra se arraigue en nuestros corazones y nuestras vidas para que seamos salvos.

CAPÍTULO 7

LA MALDICIÓN DE LA PORNOGRAFÍA Y LA PEDOFILIA

No me pondré como meta
nada en que haya perversidad.
Las acciones de gente desleal las aborrezco;
no tendrán nada que ver conmigo.
—Salmo 101:3

L A VERSIÓN REINA Valera 1960 declara: "No pondré delante de mis ojos cosa injusta". Esto nos muestra la actitud que como pueblo de Dios hemos de asumir, aborreciendo cualquier cosa que tenga relación con Belial. Todo lo bajo, vil, inútil, impuro, opuesto a Dios, lo despreciable, malo, blasfemo o digno de vergüenza debe causar en nosotros una reacción de resistencia y repulsión.

Hemos de aborrecer lo que es malo y aferrarnos a lo que es bueno. Aborrecer es una palabra fuerte, que significa "considerar con extrema repugnancia, despreciar, apartarse o alejarse de algo, con desdén o temor; rechazar, detestar".

Este versículo puede aplicarse al auge de la pornografía y la perversión sexual con que Belial inunda hoy nuestra nación. Una de las formas más viles es la pornografía infantil, un negocio de millones de dólares para los pedófilos. La pedofilia es la perversión sexual en la que el objeto sexual es un niño o una niña.

La mayoría de los estados tienen leyes que condenan la obscenidad, pero quienes creen que el gobierno no debiera regular este aspecto, luchan contra la legislación. La obscenidad es lo que causa repulsión a los sentidos, lo aborrecible a la moralidad y la virtud.

La pornografía abre la puerta a las huestes de los espíritus malignos de lujuria y perversión. También en algunos estudios se ha observado una conexión entre la pornografía y la violación. Creo que Belial es el espíritu que gobierna a los espíritus de la pornografía, la prostitución y demás perversiones sexuales.

La impureza sexual es otro espíritu fuerte, también controlado por Belial y que incluye a los espíritus de la homosexualidad y el lesbianismo (perversión). Si este espíritu puede pervertir la moral de una nación a través de la inmoralidad sexual, traerá sobre ella el juicio y la maldición del Señor.

ORACIONES

Señor, tu Palabra describe los actos del que abusa sexualmente de un niño como "malvado", afirma que "persigue el malvado al indefenso, pero se enredará en sus propias artimañas". Y describes las acciones del malvado: "Se pone al acecho en las aldeas, se esconde en espera de sus víctimas se esconde en espera de sus víctimas, y asesina a mansalva al inocente. Cual león en su guarida se agazapa, listo para atrapar al indefenso; le cae encima y lo arrastra en su red" (Salmos 10:28-10). Protege a los niños de esta nación de tal maldad, Señor, y envía tu juicio sobre los depredadores malignos.

Padre, nuestra nación está plagada de perversidad y maldad por parte de hombres y mujeres que hacen solo "lo que les parece mejor" (véase Jueces 17:6). Revela tu justicia a mi nación, Señor, y haz que levantemos "los ojos a las montañas" para encontrar nuestra ayuda en el "Señor, creador del cielo y de la tierra" (Salmos 121:1-3).

Padre, tu Palabra nos dice que la maldad comienza por la vista. Es cuando apartamos la mirada de ti y la posamos en las cosas del mundo que nos sentimos atraídos y desviados por nuestra lujuria (Santiago 1:14).

EL AVANCE DE LA PORNOGRAFÍA

Padre, la pornografía es un mal insidioso que comienza con la primera mirada a quien viste sin decoro, y "cada uno es tentado cuando sus propios malos deseos lo arrastran y seducen. Luego, cuando el deseo ha concebido, engendra el pecado; y el pecado, una vez que ha sido consumado, da a luz la muerte" (Santiago 1:14-15).

Señor, cuando cedemos a la tentación que se presenta ante nuestros ojos esas actividades pecaminosas se convierten en adicción y nos convertimos en "esclavos del pecado" (Juan 8:34). Cuando la pornografía ha atrapado a las personas, se convierten en "esclavos de la corrupción, ya que cada uno es esclavo de aquello que lo ha dominado" (2 Pedro 2:19).

Señor, haz que los habitantes de esta nación adictos a la pecaminosa seducción de la pornografía entiendan que tu palabra enseña: "¿Puede alguien echarse brasas en el pecho sin quemarse la ropa? ¿Puede alguien caminar sobre las brasas sin quemarse los pies?" (Proverbios 6:27-28). Revela las quemaduras de la pornografía en las almas de nuestros habitantes y haz que nos apartemos de sus perversas trampas.

Señor, elimina la mancha de la pornografía de tu iglesia. Ayúdanos a oír a Pedro, que clama: "les ruego como a extranjeros y peregrinos en este mundo, que se aparten de los deseos pecaminosos que combaten contra la vida" (1 Pedro 2:11).

Señor, impide que creamos que un pecado pequeño, un poco de pornografía, no nos hará daño. Si no nos apartamos de ese pecado nos dirás, claramente: "Jamás los conocí. ¡Aléjense de mí, hacedores de maldad!" (Mateo 7:23).

Padre, todos los males de la impureza sexual, que incluyen la pornografía, nos hacen "impuros" a tus ojos. "Porque de adentro, del corazón humano, salen los malos pensamientos, la inmoralidad sexual, los robos, los homicidios, los adulterios, la avaricia, la maldad, el engaño, el libertinaje, la envidia, la calumnia, la arrogancia y la necedad. Todos estos males vienen de adentro y contaminan a la persona" (Marcos 7:20-23).

Señor, los pecados de impureza sexual nos apartan de ti y hacen que ocultes tu rostro de nosotros y te niegues a oírnos cuando te llamamos (Isaías 59:2).

Padre, en última instancia, si seguimos aferrándonos a pensamientos e imágenes pornográficos, se nos negará la entrada al cielo: "Los que practican tales cosas no heredarán el reino de Dios" (Gálatas 5:21).

Dios, como la pornografía puede volverse una adicción difícil de vencer, tenemos que buscarte activamente y buscar tu palabra para liberarnos de sus garras. Tú nos dices: "Practiquen el dominio propio y manténganse alerta. Su enemigo el diablo ronda como león rugiente, buscando a quién devorar" (1 Pedro 5:8).

Padre, nos enseñas que podemos mantener puras nuestras vidas "viviendo conforme a tu palabra". Ayúdanos a comprometernos con lo siguiente: "Yo te busco con todo el corazón; no dejes que me desvíe de tus mandamientos. En mi corazón atesoro tus dichos para no pecar contra ti" (Salmos 119:9-11).

Señor, solo hay una garantía para poder vivir libre de la impureza sexual y la tentación del pecado de la pornografía. Pablo nos enseñó cómo evitar al pecado cuando dijo: "Lo he perdido todo a fin de conocer a Cristo, experimentar el poder que se manifestó en su resurrección … Así espero alcanzar la resurrección de entre los muertos. No es que ya lo haya conseguido todo, o que ya sea perfecto. Sin embargo, sigo adelante esperando alcanzar aquello para lo cual Cristo Jesús me alcanzó a mí. Hermanos, no pienso que yo mismo lo haya logrado ya. Más bien, una cosa hago: olvidando lo que queda atrás y esforzándome por alcanzar lo que está delante, sigo avanzando hacia la meta para ganar el premio que Dios ofrece mediante su llamamiento celestial en Cristo Jesús … Todos debemos tener este modo de pensar … En todo caso, vivamos de acuerdo con lo que ya hemos alcanzado" (Filipenses 3:10-16).

Padre, te agradezco esta promesa: "Ustedes no han sufrido ninguna tentación que no sea común al género humano. Pero Dios es fiel, y no permitirá que ustedes sean tentados más allá de lo que puedan aguantar. Más bien, cuando llegue la tentación, él les dará también una salida a fin de que puedan resistir" (1 Corintios 10:13).

Señor, una de las promesas más grandes que nos da tu palabra es la siguiente: "Te basta con mi gracia, pues mi poder se perfecciona en la debilidad" (2 Corintios 12:9). Con tu poder, podemos vivir libres de la trampa de la pornografía.

ABUSO INFANTIL Y PEDOFILIA

Padre, tu Palabra nos cuenta la horrible historia de la brutal violación de Amnón contra su medio hermana Tamar (2 Samuel 1-22). Por ese terrible pecado, se convirtió en pedófilo y destruyó la vida de Tamar, creando odio y animosidad en la familia del rey David, lo cual causó rechazo, asesinato y devastación. Padre, despierta a nuestra nación ante la devastación de lo que ha causado este aborrecible pecado de la pedofilia y el abuso infantil. Llámanos al arrepentimiento y haz que tu juicio caiga sobre quienes no quieren apartarse de sus malos caminos.

Padre, dijiste que al que le hiciera daño a alguno de tus pequeños "más le valdría que le colgaran al cuello una gran piedra de molino y lo hundieran en lo profundo del mar" (Mateo 18:6). Millones de tus pequeños han sido devastados por el pecado del abuso sexual. Clamamos a ti pidiendo misericordia, para que restaures a esos pequeños, y nos comprometemos a hacer todo lo que podamos para purgar a nuestra nación de tales pedófilos.

Padre, nos adviertes con palabras fuertes sobre los peligros del pecado, diciendo: "Si tu mano o tu pie te hace pecar, córtatelo y arrójalo. Más te vale entrar en la vida manco o cojo que ser arrojado al fuego eterno con tus dos manos y tus dos pies. Y si tu ojo te hace pecar, sácatelo y arrójalo. Más te vale entrar tuerto en la vida que con dos ojos ser arrojado al fuego del infierno" (Mateo 18:8-9). Y nos diste esta advertencia en el contexto de quienes hacen daño a tus pequeños. Ayúdanos a entender lo profundo de tu amor por los niños y a hacer todo lo que podamos por protegerlos en nuestra nación.

LOS NIÑOS SON EL MEJOR REGALO DE DIOS

Enséñanos, Señor, a valorar a los pequeños como los valoras tú. Dijiste: "Los hijos son una herencia del Señor, los frutos del vientre son una recompensa. Como flechas en las manos del guerrero son los hijos de la juventud. Dichosos los que llenan su aljaba con esta clase de flechas. No serán avergonzados por sus enemigos cuando litiguen con ellos en los tribunales" (Salmos 127:3-5).

Padre, demostraste tu amor por los niños cuando la multitud se acercaba a ti con sus bebés, con la esperanza de que les bendijeras. Y cuando los discípulos vieron eso e intentaron que los padres se alejaran, tú les llamaste de vuelta y dijiste: "Dejen que los niños vengan a mí, y no se lo impidan, porque el reino de Dios es de quienes son como ellos. Les aseguro que el que no reciba el reino de Dios como un niño, de ninguna manera entrará en él" (Lucas 18:16-17). Enséñame a vivir para ti con la sencillez de un niño y a protegerlos del mal.

CAPÍTULO 8

LA MALDICIÓN DE LA ILEGALIDAD Y LA REBELDÍA

*Tú, Nínive, engendraste al que trama el mal
contra el Señor, al infame consejero.*

—Nahúm 1:11

L A VERSIÓN REINA Valera 1960 afirma: "De ti salió el que imaginó mal contra Jehová, un consejero perverso". Nahúm profetizó el juicio contra Nínive y el Imperio Asirio. El rey de Asiria hacía planes contra el Señor. La versión de la traducción de Taylor al inglés dice: "¿Quién es este rey suyo que se atreve a hacer planes contra el Señor?".

Es el espíritu del *anticristo*. El Salmo 2:2-3 dice: "Los reyes de la tierra se rebelan; los gobernantes se confabulan contra el Señor y contra su ungido. Y dicen: ¡Hagamos pedazos sus cadenas! ¡Librémonos de su yugo!".

Allí lo tenemos. Ese es el objetivo supremo de Belial: *librarse de las cadenas*. La iglesia es una fuerza de restricción en la tierra, que confina el mal, la suciedad y los deseos impíos con que Belial inunda al mundo.

Otra versión en inglés, la de la Biblia Amplificada, dice: "Cortemos sus cadenas [de control]". Estos "reyes de la tierra" son los espíritus de la *ilegalidad* y la *rebeldía*. Si no hay ley, la gente puede comportarse con salvajismo.

Todo el sistema judicial de los Estados Unidos se fundó en la ética judeocristiana que contiene la Biblia. Es decir, que la Biblia es el fundamento del sistema legal. Una sociedad que rechaza la Biblia como autoridad moral tendrá al fin y al cabo problemas con su sistema judicial. Claro que Belial odia el poder restrictivo de la Biblia, del Espíritu Santo y de la iglesia. Y por eso los ataca con tanto furor.

Belial desea que reinen sin restricción la inmoralidad y lo opuesto a Dios. Belial es el responsable del ataque contra el sistema judicial que vemos hoy en nuestra nación. Las leyes contra la homosexualidad, el lesbianismo y el adulterio que formaban parte del código legal están siendo eliminadas.

Los homosexuales creen que tienen derecho a un estilo de vida sin Dios. Y muchos claman: "Déjenme en paz. Dejen que haga lo que me dé la gana. No quiero que un predicador venga y me diga qué es bueno y qué es malo". Mientras otros afirman: "Queremos la separación de la iglesia y el estado", "Queremos que no se ore en las escuelas". Todo eso es un intento por cortar las restricciones.

ORACIONES

RESTRICCIÓN

Padre, los fieles cristianos, una minoría en nuestra nación, hoy se sienten como Job cuando sufría persecución y burlas. Sus palabras describen lo que sentimos puesto que gritó: "Gente vil, generación infame … ¡Y ahora resulta que soy tema de sus parodias! ¡Me he vuelto su hazmerreír! Les doy asco, y se alejan de mí; no vacilan en escupirme en la cara. Ahora que Dios me ha humillado por completo, no se refrenan en mi presencia. A mi derecha, me ataca el populacho; tienden trampas a mis pies y levantan rampas de asalto para atacarme" [como un ejército] (Job 30:8-12). Padre, rescátanos como a Job y restaura el freno a la conducta pecaminosa en nuestro país.

Señor, tu Palabra ha identificado claramente la razón por la cual la nación está cayendo en pecado e inmoralidad. Tú nos dices con claridad: "Donde no hay visión (ninguna revelación de Dios), el pueblo se extravía" (Proverbios 29:18). Esta nación ha abandonado las restricciones de tu Palabra para sus propias agendas liberales y pecaminosas. Ten piedad del país, Señor, y reestablécenos en tu ley.

Señor, tu Palabra nos dice lo que sucedió cuando tu pueblo de Israel abandonó tus caminos: "El Señor va a entrar en juicio contra los habitantes del país: 'Ya no hay entre mi pueblo fidelidad ni amor, ni conocimiento de Dios. Cunden, más bien, el perjurio y la mentira. Abundan el robo, el adulterio y el asesinato. ¡Un homicidio sigue a otro! Por tanto, se resecará la tierra, y desfallecerán todos sus habitantes. ¡Morirán las bestias del campo, las aves del cielo y los peces del mar!'" (Oseas 4:1-3). Y les dijiste a los sacerdotes y profetas: "¡Que nadie acuse ni reprenda a nadie! ¡Tu pueblo parece acusar al sacerdote! Puesto que rechazaste el conocimiento, yo también te rechazo como mi sacerdote. Ya que te olvidaste de la ley de tu Dios, yo también me olvidaré de tus hijos" (4-10). Es lo que está sucediendo hoy en nuestro país. Padre, perdona a tus líderes cristianos por darle la espalda a tu revelación, y redime a tu iglesia para que podamos llevar a nuestra nación a tu rectitud y tu justicia.

REBELDÍA

Padre, tu Palabra revela la desilusión de Moisés con los levitas, líderes espirituales de Israel. Cuando estaba a punto de morir los reunió y les dijo: "Tomen este libro de la ley, y pónganlo junto al arca del pacto del Señor su Dios. Allí permanecerá como testigo contra ustedes los israelitas, pues sé cuán tercos y rebeldes son. Si fueron rebeldes contra el Señor mientras viví con ustedes, ¡cuánto más lo serán después de mi muerte! Reúnan ante mí a todos los ancianos y los líderes de sus tribus, para que yo pueda comunicarles estas palabras y las escuchen claramente. Pongo al cielo y a la tierra por testigos contra ustedes, porque sé que después de mi muerte se pervertirán y se apartarán del camino que les he mostrado. En días venideros les sobrevendrán calamidades, porque harán lo malo a los ojos del Señor y con sus detestables actos provocarán su ira" (Deuteronomio 31:26-29). Sus palabras describen a muchos de los líderes espirituales de nuestra nación, Señor. Ayúdame a seguir sirviéndote con corazón limpio y recto, e impide que caiga y falle, como fallaron otros.

Padre, cuando Saúl se volvió tan orgulloso y arrogante como para desobedecerte, le enviaste a Samuel, y este le dijo: "¿Qué le agrada más al Señor: que se le ofrezcan holocaustos y sacrificios, o que se obedezca lo que él dice? El obedecer vale más que el sacrificio, y el prestar atención, más que la grasa de carneros. La rebeldía es tan grave como la adivinación, y la arrogancia, como el pecado de la idolatría. Como tú has rechazado la palabra del Señor, él te ha rechazado como rey" (1 Samuel 15:22-23). Guárdame de volverme rebelde, orgulloso y desobediente ante ti, Padre. Que nunca tengas que decir de mí: "Lamento haberte dado este ministerio ya que por tu orgullo me desobedeciste".

Padre, después de que los hijos de Israel anduvieran en el desierto durante cuarenta años, les confrontaste por su rebeldía y les dijiste: "Entiende bien que eres un pueblo terco, y que tu justicia y tu rectitud no tienen nada que ver con que el Señor tu Dios te dé en posesión esta buena tierra. Recuerda esto, y nunca olvides cómo provocaste la ira del Señor tu Dios en el desierto. Desde el día en que saliste de Egipto hasta tu llegada aquí, has sido rebelde contra el Señor" (Deuteronomio 9:6-7). Así como Moisés te rogó que tuvieras misericordia del pueblo y no les destruyeras, te ruego, Padre, que perdones a mi nación por su rebeldía y su pecado y que la salves de la destrucción.

Señor, tú valoras la obediencia. Eres el "Padre de los huérfanos" y el "defensor de las viudas". Das "hogar a los desamparados" y "libertad a los cautivos". Pero "los rebeldes habitarán en el desierto" (Salmos 68:6).

Padre, en tu Palabra fuiste misericordioso con tu gracia una y otra vez con los rebeldes israelitas. Cuando te daban la espalda, les perdonaste y restauraste con tu favor. Les dijiste: "En el arrepentimiento y la calma está su salvación, en la serenidad y la confianza está su fuerza, ¡pero ustedes no lo quieren reconocer!" (Isaías 30:15). Esperaste a que se volvieran a ti para poder mostrarles tu gracia y misericordia puesto que eres un Dios de justicia (v. 18). Padre, te rogamos que seas paciente y esperes a que nuestra nación se vuelva a ti. Muéstranos tu gracia y tu misericordia, Padre, para que podamos volver en obediencia a servirte.

CREATIVOS PARA EL MAL

Señor, Pablo hizo una advertencia a quienes iban a apartarse de ti, diciendo: "A pesar de haber conocido a Dios, no lo glorificaron como a Dios ni le dieron gracias, sino que se extraviaron en sus inútiles razonamientos, y se les oscureció su insensato corazón. Aunque afirmaban ser sabios, se volvieron necios" (Romanos 1:21-22). Del mismo modo hay muchos en nuestro mundo de hoy que tienen ideas necias acerca de ti y como resultado sus mentes están confundidas y en tinieblas. Profesan ser parte de una "nueva era" pero se ven necios. Señor, levanta un ejército que impida que esos necios confundan y hagan que más personas se aparten de ti. Mueve tu Espíritu Santo para destruir la influencia de quienes creen saber más que tú.

Señor, haz que seamos un ejército fuerte y confiado. "Aunque vivimos en el mundo, no libramos batallas como lo hace el mundo. Las armas con que luchamos no son del mundo, sino que tienen el poder divino para derribar fortalezas. Destruimos argumentos y toda altivez que se levanta contra el conocimiento de Dios, y llevamos cautivo todo pensamiento para que se someta a Cristo" (2 Corintios 10:3-5).

EL MAL

Señor, "Tú no eres un Dios que se complazca en lo malo; a tu lado no tienen cabida los malvados. No hay lugar en tu presencia para los altivos, pues aborreces a los malhechores" (Salmos 5:4-5).

Señor, enseñaste a quien te sigue a "que se aparte del mal y haga el bien; que busque la paz y la siga" (Salmos 34:14). Me he comprometido a seguir tus instrucciones, Señor.

Padre, les dijiste a tus seguidores: "No te irrites a causa de los impíos ni envidies a los que cometen injusticias; porque pronto se marchitan, como la hierba; pronto se secan, como el verdor del pasto" (Salmos 37:1-2).

Padre, estaré quieto en tu presencia y esperaré pacientemente a que actúes. No me preocuparé por el malvado que prospera ni me angustiaré por sus malvados planes (Salmos 37:7).

Padre, te doy gracias por tu Palabra que promete: "Más vale lo poco de un justo que lo mucho de innumerables malvados; porque el brazo de los impíos será quebrado, pero el Señor sostendrá a los justos. El Señor protege la vida de los íntegros, y su herencia perdura por siempre. En tiempos difíciles serán prosperados; en épocas de hambre tendrán abundancia" (Salmos 37:16-19).

Señor, obedeceré lo que dice tu Palabra: "Apártate del mal y haz el bien, siempre tendrás dónde vivir. Porque el Señor ama la justicia y no abandona a quienes le son fieles. El Señor los protegerá para siempre, pero acabará con la descendencia de los malvados" (Salmos 37:27-28).

Padre, "Los malvados acechan a los justos con la intención de matarlos, pero el Señor no los dejará caer en sus manos ni permitirá que los condenen en el juicio" (Salmos 37:32-33).

Padre, como el salmista David veo la maldad en nuestra tierra y sé que harás que los planes de los malvados fracasen. Como David, les digo a los malhechores: "Y tú, campeón de la violencia, ¿por qué andas siempre presumiendo de tu maldad? Tienes la lengua como navaja; no piensas más que en destruir y en hacerles daño a los demás. En vez de hacer lo bueno, prefieres hacer lo malo; en vez de decir sólo la verdad, prefieres decir mentiras. Tienes una lengua mentirosa, y te gusta herir con las palabras. ¡Pero Dios te hará pedazos! De una vez por todas te agarrará por el cuello y te echará de tu casa; ¡te arrancará por completo y te echará de este mundo! Cuando el pueblo de Dios vea esto quedará muy impresionado, y entre burlas te dirá: '¡Así acabarás, campeón de la violencia, pues no buscas refugio en Dios! ¡Y así acabarán los ricos, que sólo confían en las riquezas!'" (Salmo 52:1-7, BLS).

Señor a veces parece que los planes malvados de los hombres y mujeres que viven apartados de ti tendrán éxito y harán sufrir a tus hijos. Pero me comprometo a mantenerme fiel en tu Palabra. Me pongo en acuerdo con el Salmo 91, y:

1. Viviré bajo tu protección y permaneceré a tu sombra
2. Proclamaré que eres mi fortaleza y mi refugio
3. Creeré que tú eres mi Dios y confiaré en ti
4. Confiaré que tú me mantendrás a salvo de las trampas secretas y las enfermedades mortales
5. Creeré que tus alas me cubrirán y me protegerán
6. No temeré al peligro ni de noche ni de día, tu fidelidad es como un escudo, como una muralla
7. No temeré de las enfermedades que atacan por la noche, ni de los desastres que sobrevienen durante el día
8. Sabré que aunque a mi alrededor haya miles que caigan en el peligro, nada me dañará
9. Veré cómo castigas a los malos, con mis propios ojos, y acudiré a ti porque eres mi refugio
10. No experimentaré ningún desastre terrible que nos haga daño a mí, a mi hogar ni a mi familia
11. Creeré que has mandado a tus ángeles a protegerme dondequiera que vaya
12. Declararé que tu poder será más fuerte que el león más fiero o la serpiente más venenosa
13. Estaré a salvo porque te amo y te sirvo
14. Cuando esté angustiado, sólo tendré que llamarte y tú me protegerás y guardarás
15. Viviré una larga vida y podré ver tu poder salvador

Padre, a veces los líderes injustos afirman confiados que Dios está de su lado pero permiten la injusticia. Se unen contra los justos y condenan a muerte al inocente con sus leyes y normas injustas. Pero cuando eso sucede, tú eres mi fortaleza, la roca poderosa en la que puedo ocultarme. Tú has prometido hacer que sus pecados se les vuelvan en contra y les destruyan tal como habían planeado destruir a tus hijos (Salmos 94:20-23).

Padre, en este día en que parece que hombres y leyes sin Dios destruyen la vida cristiana y los fundamentos de esta nación, tu Palabra le da valentía y fuerza a tu pueblo porque en ella has prometido que "nuestros hijos prosperarán en todas partes" y que "será bendecida toda una generación de los que te aman". Tu pueblo tendrá riqueza y nuestras buenas obras perdurarán por siempre. "La luz brilla en las tinieblas para los que aman a Dios." Tu pueblo será "generoso, lleno de compasión y justicia". Lo bueno será para quienes prestan dinero con generosidad y se conducen con honestidad en los negocios. No nos vencerá el mal. Confiamos en que tú nos cuidas, tendremos confianza, no temeremos y enfrentaremos triunfantes a nuestros enemigos. Tendremos influencia y honor, y cuando los malvados vean eso enfurecerán y rechinarán los dientes, alejándose al ver que sus planes perecen. (Salmo 112).

Padre, has prometido que "el que me obedezca vivirá tranquilo, sosegado y sin temor del mal" (Proverbios 1:33).

Padre, has advertido a tus hijos: "No sigas la senda de los perversos ni vayas por el camino de los malvados" (Proverbios 4:14).

Padre, tu consejo para tus hijos es que: "No te desvíes ni a diestra ni a siniestra; apártate de la maldad" (Proverbios 4:27).

Padre, tu Palabra promete que: "Al justo no le sobrevendrá ningún daño, pero al malvado lo cubrirá la desgracia" (Proverbios 12:21).

Padre, "El ingenuo cree todo lo que le dicen; el prudente se fija por dónde va" (Proverbios 14:15).

Padre, ayúdame a pensar con cuidado en lo que digo y a asegurarme de que mis respuestas sean verdaderas y ajustadas a tus enseñanzas. Has dicho: "El corazón del justo medita sus respuestas, pero la boca del malvado rebosa de maldad" (Proverbios 15:28).

ORACIÓN CONTRA EL MAL

"Oh Señor, líbrame de los impíos; protégeme de los violentos, de los que urden en su corazón planes malvados y todos los días fomentan la guerra. Afilan su lengua cual lengua de serpiente; ¡veneno de víbora hay en sus labios! Señor, protégeme del poder de los impíos; protégeme de los violentos, de los que piensan hacerme caer. Esos engreídos me han tendido una trampa; han puesto los lazos de su red, han tendido trampas a mi paso. Yo le digo al Señor: 'Tú eres mi Dios. Atiende, Señor, a mi voz suplicante'. Señor soberano, mi salvador poderoso que me protege en el día de la batalla: No satisfagas, Señor, los caprichos de los impíos; no permitas que sus planes prosperen, para que no se enorgullezcan. Que sobre la cabeza de mis perseguidores recaiga el mal que sus labios proclaman. Que lluevan brasas sobre ellos; que sean echados en el fuego, en ciénagas profundas, de donde no vuelvan a salir. Que no eche raíces en la tierra la gente de lengua viperina; que la calamidad persiga y destruya a la gente que practica la violencia. Yo sé que el Señor hace justicia a los pobres y defiende el derecho de los necesitados. Ciertamente los justos alabarán tu nombre y los íntegros vivirán en tu presencia" (Salmo 140).

Capítulo 9

La Maldición de las Ataduras del Alma que Reniega de Dios

No os unáis en yugo desigual con los incrédulos;
porque ¿qué compañerismo tiene la justicia con la
injusticia? ¿Y qué comunión la luz con las tinieblas?
¿Y qué concordia Cristo con Belial?
¿O qué parte el creyente con el incrédulo?
—2 Corintios 6:14-15

Llamamos *atadura del alma que reniega de Dios* al yugo entre los creyentes y los no creyentes. Romper las ataduras del alma que reniega de Dios es un factor clave para la liberación. La asociación con quien reniega de Dios hace que los espíritus malignos se transfieran. Si Belial no puede controlarnos directamente, nos influenciará por medio de la asociación con el que reniega de Dios.

Relacionarse con las personas equivocadas puede hacer que uno reciba una *transferencia maligna* de espíritus. Una de las claves para librarse del control de Belial es romper con toda atadura del alma que reniegue de Dios y obedecer la Palabra de Dios, que dice: "No os unáis en yugo desigual con los incrédulos" (2 Corintios 6:14). Otra versión de la Biblia afirma: "No se unan ustedes en un mismo yugo con los que no creen" (DHH). La Nueva Versión Internacional afirma: "No formen yunta con los incrédulos. ¿Qué tienen en común la justicia y la maldad? ¿O qué comunión puede tener la luz con la oscuridad? ¿Qué armonía tiene Cristo con el diablo? ¿Qué tiene en común un creyente con un incrédulo?

Esta es la única vez que el nombre "Belial" se menciona en el Nuevo Testamento [en la RVR60]. Creo que el Espíritu de Dios eligió esta palabra para traer revelación al espíritu de las iglesias de que *no deben, de ninguna manera*, estar en comunión con el mismo.

El versículo 15 vincula a Belial con la iniquidad, la oscuridad, la infidelidad y la idolatría. La primera referencia a Belial en la Palabra de Dios lo vincula con la *idolatría*. Los corintios fueron salvados de un estilo de vida de idolatría.

Como ya mencioné, creo que Belial es un espíritu de los últimos tiempos que será un enemigo terrible de la iglesia. Así que debemos separarnos de toda suciedad y lacra que se asocia con ese espíritu gobernante.

La iglesia de Corinto también tenía un problema con los deseos carnales. Dentro de ella había disputas, envidia, controversias, impureza sexual e incluso ebriedad. El apóstol Pablo escribió una carta a los de Corinto para corregir esos problemas y poner las cosas en orden.

Una corriente de impiedad

Las olas de la muerte me envolvieron; los torrentes destructores me abrumaron.

—2 Samuel 22:5

La traducción literal de este versículo es "las corrientes de Belial". Este versículo es parte de la canción que David cantó el día que el Señor lo liberó de todos sus enemigos y de Saúl.

Una traducción de la Biblia en inglés dice: "Las corrientes de impiedad hicieron que tenga miedo". Belial ha liberado una corriente de impiedad sobre el mundo. *Impiedad* se define como: "negar a Dios o desobedecerlo: impío, ateo, contrario a la ley moral, pecaminoso, malo".

Belial es el responsable de la corriente de impiedad que se manifiesta en Hollywood, en la televisión y en los medios de comunicación. Belial es el responsable de la rebelión y de la desobediencia a Dios. Este espíritu ha maldecido a muchos, haciendo que se conviertan en ateos e impíos.

El resultado de la influencia de Belial es la falta de reverencia: no temerle a Dios. *Torrentes* significa "cubrir, desbordar, llenar en abundancia o de manera excesiva". Belial desea cubrir la tierra con suciedad e inmoralidad.

Esta inundación también incluye la persecución que va en contra de David, el elegido del Señor.

Belial desea asesinar y destruir a los escogidos del Señor. Es una fuerza que ataca a los ministros y a las iglesias. La traducción de la Biblia de Jerusalén dice: "Las olas de la muerte me envolvían, me espantaban las trombas de Belial". Encontramos que la palabra *torrente* se define como, "una corriente impetuosa".

Perdición significa "destrucción". Los espíritus de la *muerte* y la *destrucción* operan con Belial para asediar a los servidores de Dios. Ya hemos visto que Jezabel obra bajo Belial para destruir a los verdaderos servidores de Dios. Las mentiras, las calumnias, la seducción, la lujuria y el orgullo son todas armas utilizadas en contra de los escogidos del Señor.

Es importante interceder en contra de las maldiciones de Belial. Cuando el enemigo llegue como una inundación, el Espíritu del Señor levantará un muro en su contra. El Señor levantará un nivel contra las corrientes de Belial. Las oraciones y las intercesiones del pueblo de Dios serán un nivel contra esa inundación.

CÓMO ENFRENTAR A BELIAL

Mas los de Belial serán todos ellos como espinas arrancadas, las cuales nadie toma con la mano; sino que el que quiere tocar en ellas, ármase de hierro y de asta de lanza, y son quemadas en su lugar.

—2 Samuel 23:6-7 (Reina Valera Antigua)

Este versículo compara a los "hijos de Belial" con espinas que no pueden ser tomadas con la mano. Aquellos que tratan con Belial "debe armarse con hierro y de astas de lanzas". Una *espina* es algo que produce angustia o irritación. Ser espinoso significa estar lleno de dificultades o de controversia.

Este versículo pronuncia el juicio sobre Belial y aquellos que lo siguen: "Son quemadas en el mismo lugar". Esto se refiere a la maldición eterna en los fuegos del infierno. Creo que Belial es un espíritu que hará que muchos mueran perdidos y pasen la eternidad en el infierno.

"Ármase de hierro y de asta de lanza" se refiere a ponerse toda la armadura de Dios. No podemos enfrentar a ese espíritu sin toda la armadura de Dios.

El Señor está levantando intercesores y predicadores para que se enfrenten a este espíritu en los últimos días. Es un espíritu de los últimos tiempos al que se le asignó corromper la tierra, pero el Señor tiene un *pueblo de los últimos tiempos* para combatirlo. La Biblia de las Américas dice: "y el hombre que los toque".

David tuvo que luchar y vencer a los hombres controlados por Belial. David es el tipo de la iglesia del Nuevo Testamento. Es un tipo de la iglesia profética que el Señor está levantando en este momento. Al igual que David, nosotros también venceremos a ese espíritu de los últimos tiempos.

Nosotros no manipularemos a ese espíritu con nuestras propias manos. Es demasiado espinoso y difícil para eso.

Pero debemos, y vamos a atacarlo, en el poder del Espíritu, vistiendo toda la armadura de Dios.

ORACIONES

SEPARACIÓN DE BELIAL

Padre, tú nos has enseñado: "No formen yunta con los incrédulos. ¿Qué tienen en común la justicia y la maldad? ¿O qué comunión puede tener la luz con la oscuridad? ¿Qué armonía tiene Cristo con el diablo? ¿Qué tiene en común un creyente con un incrédulo? ¿En qué concuerdan el templo de Dios y los ídolos? Porque nosotros somos templo del Dios viviente. Como él ha dicho: 'Viviré con ellos y caminaré entre ellos. Yo seré su Dios, y ellos serán mi pueblo'. Por tanto, el Señor añade: 'Salgan de en medio de ellos y apártense. No toquen nada impuro, y yo los recibiré'" (2 Corintios 6:14-17).

Padre, nos has dicho cuán importante es mantener nuestros a corazones alejados de lo malo al decir: "Por sobre todas las cosas cuida tu corazón, porque de él mana la vida" (Proverbios 4:23).

Señor, ayúdanos a recordar tu Palabra: "La voluntad de Dios es que sean santificados; que se aparten de la inmoralidad sexual; que cada uno aprenda a controlar su propio cuerpo de una manera santa y honrosa, sin dejarse llevar por los malos deseos como hacen los paganos, que no conocen a Dios; y que nadie perjudique a su hermano ni se aproveche de él en este asunto. El Señor castiga todo esto, como ya les hemos dicho y advertido. Dios no nos llamó a la impureza sino a la santidad" (1 Tesalonicenses 4:3-7).

Padre, ayúdanos a que recordemos guardar nuestros corazones rehusándonos a unirnos a cualquier cosa que sea mala, porque tu palabra nos dice: "Queridos hermanos, les ruego como a extranjeros y peregrinos en este mundo, que se aparten de los deseos pecaminosos que combaten contra la vida" (1 Pedro 2:11).

CÓMO GUARDAR EL ALMA

Padre, me he comprometido con lo que dice tu palabra: "Ama al Señor tu Dios con todo tu corazón y con toda tu alma y con todas tus fuerzas" (Deuteronomio 6:5).

Señor, es por mi propio bien que me has pedido que te ame con todo mi corazón *y con toda mi alma.* Porque me has dicho: "¿Qué te pide el Señor tu Dios? Simplemente que le temas y andes en todos sus caminos, que lo ames y le sirvas con todo tu corazón y con toda tu alma, y que cumplas los mandamientos y los preceptos que hoy te manda cumplir, para que te vaya bien. Al Señor tu Dios le pertenecen los cielos y lo más alto de los cielos, la tierra y todo lo que hay en ella" (Deuteronomio 10:12-14).

Padre, tu Palabra nos advierte de los peligros que pueden llegar por las profundas ataduras del alma. Nos has dicho: "Si tu propio hermano, o tu hijo, o tu hija, o tu esposa amada, o tu amigo *íntimo*, trata de engañarte y en secreto te insinúa: 'Vayamos a rendir culto a otros dioses', dioses que ni tú ni tus padres conocieron, dioses de pueblos cercanos o lejanos que abarcan toda la tierra, no te dejes engañar ni le hagas caso. Tampoco le tengas lástima. No te compadezcas de él ni lo encubras, ni dudes en matarlo. Al contrario, sé tú el primero en alzar la mano para matarlo, y que haga lo mismo todo el pueblo. Apedréalo hasta que muera, porque trató de apartarte del SEÑOR tu Dios, que te sacó de Egipto, la tierra donde eras esclavo" (Deuteronomio 13:6-10).

Señor, me has dicho: "Ahora, pues, busquen al SEÑOR su Dios de todo corazón y con toda el alma" (1 Crónicas 22:19). Haz que siempre recuerde que si permito que mi alma forme una profunda atadura con un no creyente, puede separarme de ti.

Padre, nos has advertido que nuestra alma puede ser atrapada por el enojo y has dicho: "No te hagas amigo de gente violenta, ni te juntes con los iracundos, no sea que aprendas sus malas costumbres y tú mismo caigas en la trampa" (Proverbios 22:24-25). Haz que no entregue mi alma al enojo.

Padre, vivimos en un mundo en donde muchos han perdido su esperanza debido a situaciones desesperantes y al desenfrenado crecimiento de la impiedad. Aun así, tu palabra nos promete cómo nuestras almas pueden ser constantemente llenadas de esperanza para el futuro. En ella dices: "Como la miel, hijo mío, que es deliciosa; dulce al paladar es la miel del panal. Así de dulce sea la sabiduría a tu alma; si das con ella, tendrás buen futuro; tendrás una esperanza que no será destruida" (Proverbios 24:13-14).

Padre, enséñame a recordar que mi alma debe ser llena por tu bondad, no con las cosas de este mundo. Tú nos has dicho: "¿Por qué gastan dinero en lo que no es pan, y su salario en lo que no satisface? Escúchenme bien, y comerán lo que es bueno, y se deleitarán con manjares deliciosos" (Isaías 55:2).

Padre, cuando encontremos que nuestros corazones y nuestras almas están gastadas y son prisioneras de preocupaciones y ataduras del alma insalubres, entonces debemos hacer lo que nos has dicho: "Deténganse en los caminos y miren; pregunten por los senderos antiguos. Pregunten por el buen camino, y no se aparten de él. Así hallarán el descanso anhelado" (Jeremías 6:16).

Señor, enséñame a respetar a los líderes espirituales que has puesto sobre mí, como nos has instruido en tu Palabra: "Obedezcan a sus dirigentes y sométanse a ellos, pues cuidan de ustedes como quienes tienen que rendir cuentas. Obedézcanlos a fin de que ellos cumplan su tarea con alegría y sin quejarse, pues el quejarse no les trae ningún provecho" (Hebreos 13:17).

LA IMPIEDAD

Señor, tu servidor David llegó a un momento en su vida en que se sintió como si se estuviera ahogando en una inundación de enemigos que estaban tratando de destruirlo. Aun así, lo rescataste. Oro que me rescates de las corrientes de los problemas y también te alabo como David. "El SEÑOR es mi roca, mi amparo, mi libertador; es mi Dios, el peñasco en que me refugio. Es mi escudo, el poder que me salva, ¡mi más alto escondite! Él es mi protector y mi salvador. ¡Tú me salvaste de la violencia! Invoco al SEÑOR, que es digno de alabanza, y quedo a salvo de mis enemigos. Las olas de la muerte me envolvieron; los torrentes destructores me abrumaron. Me enredaron los lazos del sepulcro, y me encontré ante las trampas de la muerte. En mi angustia invoqué al SEÑOR; llamé a mi Dios, y él me escuchó desde su templo; ¡mi clamor llegó a sus oídos! ... Extendiendo su mano desde lo alto, tomó la mía y me sacó del mar profundo. Me libró de mi enemigo poderoso, de aquellos que me odiaban y que eran más fuertes que yo ... ¡Alabada sea mi roca! (2 Samuel 22) Eres mi fortaleza y quien me liberta.

Padre, cuando la inundación del pecado y la impiedad amenace mi vida y a mi familia, te llamaré como David y proclamaré: "La voz del Señor está sobre las aguas; resuena el trueno del Dios de la gloria; el Señor está sobre las aguas impetuosas. La voz del Señor resuena potente; la voz del Señor resuena majestuosa" (Salmos 29:3-4).

Señor, "Sálvame, Dios mío, que las aguas ya me llegan al cuello. Me estoy hundiendo en una ciénaga profunda, y no tengo dónde apoyar el pie. Estoy en medio de profundas aguas, y me arrastra la corriente … Pero yo, Señor, te imploro en el tiempo de tu buena voluntad. Por tu gran amor, oh Dios, respóndeme; por tu fidelidad, sálvame. Sácame del fango; no permitas que me hunda. Líbrame de los que me odian, y de las aguas profundas. No dejes que me arrastre la corriente; no permitas que me trague el abismo, ni que el foso cierre sus fauces sobre mí. Respóndeme, Señor, por tu bondad y tu amor; por tu gran compasión, vuélvete a mí" (Salmos 69:1-2, 13-16).

Padre, no tengo miedo de la inundación de iniquidad ni de la iniquidad que está creciendo en nuestra nación. Sé que salvarás a tu pueblo, como lo prometiste en tu Palabra: "Tú dividiste el mar con tu poder; les rompiste la cabeza a los monstruos marinos. Tú aplastaste las cabezas de Leviatán y lo diste por comida a las jaurías del desierto. Tú hiciste que brotaran fuentes y arroyos; secaste ríos de inagotables corrientes … Toma en cuenta tu pacto, pues en todos los rincones del país abunda la violencia. Que no vuelva humillado el oprimido; que alaben tu nombre el pobre y el necesitado" (Salmos 74:13-15, 20-21).

Padre, no temeré la inundación de la impiedad en nuestra nación, porque tu Palabra promete: "Les pagará según sus obras; a las costas lejanas les dará su merecido: furor para sus adversarios, y retribución para sus enemigos. Desde el occidente temerán el nombre del Señor, y desde el oriente respetarán su gloria porque vendrá como un torrente caudaloso, impulsado por el soplo del Señor" (Isaías 59:18-19).

Señor, llegará el día en el que vendrás en una inundación de divinidad y poder, y todos los torrentes de pecado y de impiedad darán lugar a tus corrientes frescas de gloria y poder. Tu Palabra profetiza: "En aquel día las montañas destilarán vino dulce, y de las colinas fluirá leche; correrá el agua por los arroyos de Judá. De la casa del Señor brotará una fuente que irrigará el valle de las Acacias … ¡El Señor hará su morada en Sión!" (Joel 3:18, 21).

Padre, quiero que mi vida se edifique sobre la roca fuerte de Jesucristo porque entonces, cuando las inundaciones de impiedad vengan, seré como el hombre sabio que construyó su casa sobre la roca: "Cayeron las lluvias, crecieron los ríos, y soplaron los vientos y azotaron aquella casa; con todo, la casa no se derrumbó porque estaba cimentada sobre la roca" (Mateo 7:24-25).

CÓMO EVITAR LA IMPIEDAD

Padre, nos das los pasos a seguir para evitar que nos atrape la impiedad: "Esfuérzate por presentarte a Dios aprobado, como obrero que no tiene de qué avergonzarse y que interpreta rectamente la palabra de verdad. Evita las palabrerías profanas, porque los que se dan a ellas se alejan cada vez más de la vida piadosa" (2 Timoteo 2:15-16).

Señor, ayúdame a seguir el consejo que el apóstol Pablo le dio a Timoteo, su joven ayudante: "Así que tú, hijo mío, fortalécete por la gracia que tenemos en Cristo Jesús. Lo que me has oído decir en presencia de muchos testigos, encomiéndalo a creyentes dignos de confianza, que a su vez estén capacitados para enseñar a otros. Comparte nuestros sufrimientos, como buen soldado de Cristo Jesús. Ningún soldado que quiera agradar a su superior se enreda en cuestiones civiles" (2 Timoteo 2:1-4).

Padre, el apóstol Pablo hizo una lista de pasos que tú has dado para asegurar que tus seguidores no caigan en la impiedad. Te adoro por estas bendiciones:

1. "Alabado *sea* Dios, Padre de nuestro Señor Jesucristo, que nos ha bendecido en las regiones celestiales con toda bendición espiritual en Cristo."

2. "Dios nos escogió en él antes de la creación del mundo, para que seamos santos y sin mancha delante de él. En amor."

3. "Nos predestinó para ser adoptados como hijos suyos por medio de Jesucristo, según el buen propósito de su voluntad."

4. "Para alabanza de su gloriosa gracia, que nos concedió en su Amado."

5. "En él tenemos la redención mediante su sangre, el perdón de nuestros pecados, conforme a las riquezas de la gracia que Dios nos dio en abundancia con toda sabiduría y entendimiento."

6. "Él nos hizo conocer el misterio de su voluntad conforme al buen propósito que de antemano estableció en Cristo."

7. "En Cristo también fuimos hechos herederos, pues fuimos predestinados según el plan de aquel que hace todas las cosas conforme al designio de su voluntad."

8. "En él también ustedes, cuando oyeron el mensaje de la verdad, el evangelio que les trajo la salvación, y lo creyeron, fueron marcados con el sello que es el Espíritu Santo prometido."

9. "Éste garantiza nuestra herencia hasta que llegue la redención final del pueblo adquirido por Dios, para alabanza de su gloria."

Padre, así como Pablo oró por los creyentes en

Filipo, oro por mis compañeros creyentes para que no caigamos en la impiedad. "Doy gracias a mi Dios cada vez que me acuerdo de ustedes. En todas mis oraciones por todos ustedes, siempre oro con alegría, porque han participado en el evangelio desde el primer día hasta ahora. Estoy convencido de esto: el que comenzó tan buena obra en ustedes la irá perfeccionando hasta el día de Cristo Jesús … Esto es lo que pido en oración: que el amor de ustedes abunde cada vez más en conocimiento y en buen juicio, para que disciernan lo que es mejor, y sean puros e irreprochables para el día de Cristo, llenos del fruto de justicia que se produce por medio de Jesucristo, para gloria y alabanza de Dios" (Filipenses 1:3-6, 9-11).

Padre, tu Palabra nos advierte la impiedad que abundará en los últimos días. Haz que preste atención a la advertencia para mantenerme alejado de sus características: "Ahora bien, ten en cuenta que en los últimos días vendrán tiempos difíciles. La gente estará llena de egoísmo y avaricia; serán jactanciosos, arrogantes, blasfemos, desobedientes a los padres, ingratos, impíos, insensibles, implacables, calumniadores, libertinos, despiadados, enemigos de todo lo bueno, traicioneros, impetuosos, vanidosos y más amigos del placer que de Dios. Aparentarán ser piadosos, pero su conducta desmentirá el poder de la piedad. ¡Con esa gente ni te metas!" (2 Timoteo 3:1-5).

Señor, "Dichoso el hombre que no sigue el

ORACIONES QUE ROMPEN MALDICIONES

consejo de los malvados, ni se detiene en la senda de los pecadores ni cultiva la amistad de los blasfemos, sino que en la ley del Señor se deleita, y día y noche medita en ella. Es como el árbol plantado a la orilla de un río que, cuando llega su tiempo, da fruto y sus hojas jamás se marchitan. ¡Todo cuanto hace prospera!" (Salmos 1:1-3).

CAPÍTULO 10

PLANES DE LOS MALVADOS EN CONTRA DE LOS CRISTIANOS

El perverso hace planes malvados; en sus labios hay un fuego devorador.
—Proverbios 16:27

L A Biblia en Lenguaje Sencillo dice: "El malvado es un horno lleno de maldad". Y la versión Reina Valera 1960, lo traduce así: "El hombre perverso cava en busca del mal". *Idear* significa planear para hacer algo. *Conspirar* es hacer planes secretos con fines malignos o contrarios a la ley.

Belial hace que los seres humanos planifiquen lo malo. El Salmo 37:12 afirma: "Los malvados conspiran contra los justos". Hay personas que practican hechicería que intentan destruir a la iglesia. Hemos oído de brujos y brujas que ayunan para destruir los matrimonios de los líderes cristianos, perturbando a la iglesia de ese modo.

Casi resulta increíble creer que haya gente tan mala. Lo creo porque así lo dice la Palabra de Dios. La mayoría de las personas quedaría atónita al enterarse de los pecados y planes malvados que se urden a puertas cerradas.

El Salmo 37:32 dice: "Los malvados acechan a los justos con la intención de matarlos". En otras versiones, el mismo versículo se traduce de este modo: "El impío acecha al justo y procura matarlo" (BDLA) o "Los malvados espían a los buenos para matarlos cuando menos lo esperan" (BLS).

¡Es una idea que nos hace detenernos a pensar! Por eso, la Palabra de Dios nos exhorta a que *vigilemos y meditemos* en su Palabra. Porque Belial influye en las personas para que planifiquen cosas malas en contra de los cristianos.

MALDICIÓN DE LOS UNGIDOS DEL SEÑOR

> Cuando el rey David llegó a Bajurín, salía de allí un hombre de la familia de Saúl, llamado Simí hijo de Guerá. Éste se puso a maldecir, y a tirarles piedras a David y a todos sus oficiales, a pesar de que las tropas y la guardia real rodeaban al rey. En sus insultos, Simí le decía al rey:
> ¡Largo de aquí! ¡Asesino! ¡Canalla!
> —2 Samuel 16:5-7

Simí llamaba malvado a David. La versión en inglés contemporáneo traduce sus dichos como: "¡Inútil!". David escapaba de su hijo rebelde Absalón, cuando se cruzó con Simí, que era de la familia de la casa de Saúl y, sin duda, estaba enojado porque David era quien había sucedido al rey en el trono. Es típico del enemigo acusar a los ungidos de Dios.

Los fariseos decían que Jesús echaba demonios por el poder de Belcebú. Lo acusaban de usar el poder de Satanás para liberar a las personas. Cuando se le dice a alguien "hijo de Belial" se le está diciendo inútil, malvado, vil. Simí acusaba a David de ser asesino, responsable de la caída de Saúl. Este es un ejemplo más de la forma en que este espíritu ataca y acusa a los ungidos del Señor.

> Pero Abisay hijo de Sarvia exclamó: —¡Simí *maldijo al ungido del Señor*, y merece la muerte!
> —2 Samuel 19:21, cursivas añadidas por el autor

Ya vuelto a su puesto David en Jerusalén, Simí vino a verle y se arrepintió de lo que había dicho. Abisay quería mandarlo a matar por haber maldecido al ungido del Señor, pero este tuvo misericordia de Simí y no lo castigó.

David entendía que sobre quienes tocan a los ungidos del Señor sobreviene el juicio. Se negó a tocar a Saúl aun cuando su vida corría peligro. En el caso de Simí, la misericordia prevaleció por sobre el castigo debido a la actitud *arrepentida* de Simí.

Los intercesores firmes ayudan a cubrir a los hombres y mujeres de Dios contra los ataques de Belial. Una *maldición* es una obra del mal que se pronuncia contra alguien o algo. Las palabras que se pronuncian contra quienes sirven a Dios son flechas espirituales que el enemigo manda para dañar y destruir. Son lo que la palabra llama "flechas encendidas del maligno" (Efesios 6:16).

David entendía que los ungidos del Señor enfrentan una batalla espiritual cuando alguien les maldice. En el Salmo 64:2-3 David ora, diciendo: "Escóndeme de esa pandilla de impíos, de esa caterva de malhechores. Afilan su lengua como espada y lanzan como flechas palabras ponzoñosas".

Esas palabras son *ataques de hechicería* contra los siervos del Señor. Son misiles espirituales dirigidos contra los ungidos del Señor. En el poder de la lengua están la vida y la muerte (Proverbios 18:21). Y este es uno de los métodos que Belial emplea para dirigir sus ataques contra los que sirven al Señor.

ORACIONES

PLANES DE LOS MALVADOS

Padre, en su arrogancia y pecado los malvados urden planes para destruir a los justos pero tú has prometido que "se enredará en sus propias artimañas" (Salmos 10:2).

Señor, el malvado continuamente urde planes para dañar y destruir a tus hijos. Tu Palabra dice que el malo "Se pone al acecho en las aldeas, se esconde en espera de sus víctimas, y asesina a mansalva al inocente" (Salmos 10:8). Señor, esto describe los planes malvados de las personas que hoy buscan que se difunda el dolor y el pecado del aborto. Haz que tus juicios echen luz sobre los intentos secretos e ilegales de atraer a las jóvenes a que decidan abortar las preciosas vidas que llevan en sus vientres. Detén el asesinato de los no nacidos y elimina esta práctica malvada de nuestra nación.

Señor, tu Palabra describe los planes secretos de los impíos liberales por atar a los pobres a un estilo de vida en que dependan de los demás en vez de ser independientes y bastarse por sí mismos. Tu Palabra afirma: "Cual león en su guarida se agazapa, listo para atrapar al indefenso; le cae encima y lo arrastra en su red. Bajo el peso de su poder, sus víctimas caen por tierra" (Salmos 10:9-10). Danos audacia como ciudadanos para confiar y bastarnos por nosotros mismos, queriendo ser responsables de lo que nos corresponde en vez de depender de los demás.

Señor, como el autor de Proverbios pienso que me están destruyendo los planes malignos de quienes quieren hacerme daño. Pero como Salomón, mi oración se dirige a ti, pidiendo tu gracia y tu misericordia: "Pero yo, Señor, en ti confío, y digo: 'Tú eres mi Dios'. Mi vida entera está en tus manos; líbrame de mis enemigos y perseguidores. Que irradie tu faz sobre tu siervo; por tu gran amor, sálvame. Señor, no permitas que me avergüencen, porque a ti he clamado. Que sean avergonzados los malvados, y acallados en el sepulcro. Que sean silenciados sus labios mentirosos, porque hablan contra los justos con orgullo, desdén e insolencia. Cuán grande es tu bondad, que atesoras para los que te temen, y que a la vista de la gente derramas sobre los que en ti se refugian. Al amparo de tu presencia los proteges de las intrigas humanas; en tu morada los resguardas de las lenguas contenciosas. Bendito sea el Señor, pues mostró su gran amor por mí cuando me hallaba en una ciudad sitiada. En mi confusión llegué a decir: '¡He sido arrojado de tu presencia!' Pero tú oíste mi voz suplicante cuando te pedí que me ayudaras. Amen al Señor, todos sus fieles; él protege a los dignos de confianza, pero a los orgullosos les da su merecido. Cobren ánimo y ármense de valor, todos los que en el Señor esperan" (Salmos 31:14-24).

LA GUERRA DE LOS MALVADOS CONTRA LOS CRISTIANOS

Señor, a veces me siento igual que David, rodeado de maldad, amenazado con destruir mi vida. David gritó, diciendo: "Muchos toros me rodean; fuertes toros ... me cercan. Contra mí abren sus fauces leones que rugen y desgarran a su presa ... Mi corazón se ha vuelto como cera, y se derrite en mis entrañas. Se ha secado mi vigor como una teja; la lengua se me pega al paladar. ¡Me has hundido en el polvo de la muerte! Como perros de presa, me han rodeado; me ha cercado una banda de malvados; me han traspasado las manos y los pies. Puedo contar todos mis huesos; con satisfacción perversa la gente se detiene a mirarme ... Pero tú,

Señor, no te alejes (Salmos 22:12-19). Pero como David, una cosa sé con certeza: eres la fuerza mía, ven pronto en mi auxilio" (v. 20).

David sabía que irías en su ayuda, Señor. Yo también lo sé. Seguiré el consejo de tu palabra que dice: "Guarda silencio ante el Señor, y espera en él con paciencia; no te irrites ante el éxito de otros, de los que maquinan planes malvados. Refrena tu enojo, abandona la ira; no te irrites, pues esto conduce al mal. Porque los impíos serán exterminados, pero los que esperan en el Señor heredarán la tierra" (Salmos 37:7-9).

Padre, tu Palabra describe al maligno: "El que es malvado y perverso anda siempre contando mentiras; guiña los ojos, hace señas con los pies, señala con los dedos; su mente es perversa, piensa siempre en hacer lo malo y en andar provocando peleas. Por eso, en un instante le vendrá el desastre; en un abrir y cerrar de ojos quedará arruinado sin remedio. Hay seis cosas, y hasta siete, que el Señor aborrece por completo: los ojos altaneros, la lengua mentirosa, las manos que asesinan a gente inocente, la mente que elabora planes perversos, los pies que corren ansiosos al mal, el testigo falso y mentiroso, y el que provoca peleas entre hermanos" (Proverbios 6:12-19, DHH).

Padre, fortaleceré mi corazón orando estas palabras de David: "Líbrame, Señor, de la gente malvada, protégeme de los hombres violentos, de los que sólo piensan en hacer el mal y provocan discordias todo el día. Ellos afilan su lengua como serpientes, en sus labios hay veneno de víboras. Defiéndeme, Señor, de las manos del impío, protégeme de los hombres violentos, de los que intentan hacerme tropezar y han tendido una red ante mis pies: los prepotentes me han ocultado trampas y lazos, me han puesto acechanzas al borde del camino. Pero yo digo al Señor: 'Tú eres mi Dios': escucha, Señor, el clamor de mi súplica; Señor, mi Señor, mi ayuda poderosa, recubre mi cabeza en el momento del combate. No satisfagas los deseos del malvado ni dejes que se cumplan sus proyectos; que no levanten cabeza los que me asedian, y su maledicencia los envuelva. Que se acumulen sobre ellos carbones encendidos, que caigan en lo profundo y no puedan levantarse. Que los difamadores no estén seguros en la tierra, y la desgracia persiga a muerte al violento. Yo sé que el Señor hace justicia a los humildes y defiende los derechos de los pobres. Sí, los justos darán gracias a tu Nombre y los buenos vivirán en tu presencia" (Salmo 140, Biblia del Pueblo de Dios).

DIOS PROTEGE A SUS UNGIDOS

Padre, incluso cuando Saúl perseguía a David, este se negó a hacerle daño porque Saúl era tu ungido para gobernar a Israel. Después de cortar un trozo de la ropa de Saúl en la cueva detuvo a los que iban a herir a Saúl, puesto que era el siervo ungido de Dios: "David se levantó y, sin hacer ruido, cortó el borde del manto de Saúl. Pero le remordió la conciencia por lo que había hecho, y les dijo a sus hombres: ¡Que el Señor me libre de hacerle al rey lo que ustedes sugieren! No puedo alzar la mano contra él, porque es el ungido del Señor. De este modo David contuvo a sus hombres, y no les permitió que atacaran a Saúl" (1 Samuel 24:4-7). Y Saúl salió de la cueva y siguió su camino.

Padre, en otra ocasión en que David y Abisay estaban ante Saúl mientras este dormía, Abisay dijo: "Hoy ha puesto Dios en tus manos a tu enemigo… Déjame matarlo. De un solo golpe de lanza lo dejaré clavado en el suelo. ¡Y no tendré que rematarlo! ¡No lo mates!, exclamó David. ¿Quién puede impunemente alzar la mano contra el ungido del Señor? Y añadió: Tan cierto como que el Señor vive, que él mismo lo herirá. O le llegará la hora de morir, o caerá en batalla. En cuanto a mí, ¡que el Señor me libre de alzar la mano contra su ungido! Sólo toma la lanza y el jarro de agua que están a su cabecera, y vámonos de aquí. David mismo tomó la lanza y el jarro de agua que estaban a la cabecera de Saúl, y los dos se marcharon. Nadie los vio, ni se dio cuenta, pues todos estaban dormidos" (1 Samuel 26:8-12). Padre, ayúdame a honrar a tus siervos ungidos como David honró a Saúl.

Señor, cuando hiciste un pacto con Abraham, Isaac y Jacob, incluiste esta advertencia como parte del mismo: "¡No toquen a mis ungidos! ¡No maltraten a mis profetas!" (1 Crónicas 16:22). Que recuerde siempre el valor que tienen para ti tus siervos ungidos y que nunca haga ni diga nada que les deshonre o perjudique.

Señor, tu Palabra promete: "Ahora sé que el Señor salvará a su ungido, que le responderá desde su santo cielo y con su poder le dará grandes victorias" (Salmos 20:6).

Padre, David reconoció que había sido ungido por ti y que tú eras la fuente de su fuerza. Te alabó diciendo: "El Señor es mi fuerza y mi escudo; mi corazón en él confía; de él recibo ayuda. Mi corazón salta de alegría, y con cánticos le daré gracias. El Señor es la fortaleza de su pueblo, y un baluarte de salvación para su ungido. Salva a tu pueblo, bendice a tu heredad, y cual pastor guíalos por siempre" (Salmos 28:7-9).

Capítulo 11

Libérese de las maldiciones de Belial

Les aseguro que todo lo que ustedes aten
en la tierra quedará atado en el cielo,
y todo lo que desaten en la tierra
quedará desatado en el cielo.

—Mateo 18:18

¡Sacúdete el polvo, Jerusalén!
¡Levántate, vuelve al trono!
¡Libérate de las cadenas de tu cuello,
cautiva hija de Sión!

—Isaías 52:2

ESTA ES UNA palabra profética para la Iglesia que dice: "¡Libérate!". Es un versículo poderoso que se refiere a la autoliberación. Se nos ha dado el poder y la autoridad de liberarnos de todo tipo de atadura.

La palabra *liberar* significa "desligar, divorciar, separar, estar partido en dos, cortar, desenganchar, desconectar, despegar, desmontar, desatar, desencadenar, libertar, soltar, romper, despedazar, demoler, destruir, destrozar, derribar, rajar, apartar". También significa "olvidar o perdonar".

Sion es una palabra profética y símbolo para la Iglesia. Isaías profetizó que Sion sería una "hija cautiva". Esto es muy cierto sobre la condición de la Iglesia hoy día. Aunque muchos son salvos y han recibido la promesa del Espíritu, todavía quedan muchas ataduras en la vida de los creyentes.

AUTOLIBERACIÓN

Suelen preguntarme: "¿Puede una persona liberarse de los demonios?". Mi respuesta es sí. También estoy convencido que una persona verdaderamente no puede mantenerse libre de demonios hasta que esté caminando en esta dimensión de liberación.

¿Cómo es que una persona puede autoliberarse? Como creyente (y esa es una suposición), una persona tiene la misma autoridad que el creyente que le ministra la liberación al otro. Tiene la autoridad en el nombre de Jesús, y Jesús claramente prometió a quienes creían: "En mi nombre expulsarán demonios" (Marcos 16:17).

Con frecuencia, una persona sólo necesita aprender cómo llevar a cabo la autoliberación. Después que una persona ha experimentado una liberación inicial de manos de un ministro experimentado, puede empezar a practicar la autoliberación.[*]

La buena noticia es que se nos ha dado una promesa profética y un mandato para liberarnos. Jesús les dijo a sus discípulos que "todo" lo que desatemos en la Tierra es desatado en el cielo.

Todo es las ataduras, los acosos o las obras en su vida, contarios a la voluntad de Dios, que pueden ser desatados de su vida porque a usted se le ha otorgado la autoridad para hacerlo.

La variedad de cosas que pueden atar a un creyente es casi ilimitada. Hay muchas ataduras que podemos catalogar que necesitan ser expuestas y quebrantadas en la vida de los creyentes. Una vez usted identifique al enemigo, entonces puede proceder a liberarse de sus garras.

Liberese del pasado

He ministrado a muchos creyentes que todavía están atados al pasado. El *pasado* puede ser una cadena que le impida disfrutar del presente y el éxito del futuro.

Mientras ministraba liberación a un joven, un espíritu fuerte se manifestó y se jactó de no irse. Le ordené al espíritu que se identificara, y respondió que era Pasado.

El espíritu procedió a explicar que su tarea era mantener al joven atado a su pasado para que su caminar con Cristo no fuera exitoso. El joven pasó por un divorcio, y su pasado aún le perseguía.

---

[*] Vea *Cerdos en la sala*, de Frank Hammond (Unilit, 2009).

Ese encuentro ayudó a que yo tuviera una revelación del hecho que había muchos espíritus asignados a la gente para mantenerlos atados al pasado que le ha dejado cicatrices y heridas sin sanar totalmente. Muchas de estas heridas se han infectado y convertido en viviendas de espíritus impuros. La gente necesita liberarse no sólo de los demonios, sino también de otras personas. Las ataduras de almas impías son vías espirituales de control y manipulación usadas cuando obran en sus incautas víctimas.

Oración para liberación

Padre, en el nombre de Jesús, me libero de toda relación que no esté ordenada por Dios; de todas las relaciones que no son del Espíritu, sino de la carne; de todas las relaciones basadas en control, dominación o manipulación; y de todas las relaciones basadas en lujuria y decepción.

En el nombre de Jesús, libero todos los miembros de mi cuerpo, incluyendo mi mente, memoria, ojos, oídos, lengua, manos, pies y todo mi carácter sexual, desde toda la lujuria, perversión, impureza sexual, impiedad, lascivia, promiscuidad, fantasía, suciedad, pasiones ardientes e instinto sexual incontrolable.

Me libero de los efectos de todos los recuerdos malos, dolorosos y del pasado que me obstaculiza el presente y el futuro.

Me libero de toda participación en lo oculto, brujería, adivinación, hechicería, herencia psíquica, rebelión, toda confusión, enfermedad, muerte y toda la destrucción como resultado de participar en el ocultismo.

En el nombre del Señor Jesucristo, por la autoridad que me ha sido dada de atar y desatar, libero mis emociones de todo espíritu maligno que ha llegado como consecuencia de experiencias del pasado. Me libero de toda herida, pena profunda, dolor, tristeza, sufrimiento, ira, rabia, amargura, y de todo odio, temor y sentimientos bloqueados y encerrados. Ordeno a esos espíritus a salir, y decreto libertad para mis sentimientos, en el nombre de Jesús.

Libero mi mente de todos los espíritus de control mental, confusión, atadura mental, locura, fantasía, pasividad, intelectualismo, bloqueo cognoscitivo, ignorancia, lujuria y malos pensamientos. Me libero de toda culpa, vergüenza, condenación, autocondenación y legalismo.

Libero mi voluntad de todo control de dominación y manipulación de Satanás, sus demonios y otras personas. Libero mi voluntad de toda lujuria, rebelión, terquedad, orgullo, deseo, egoísmo y espíritus antisumisos que bloquean y obstaculizan my voluntad. Me quebranto y libero de toda cadena alrededor de mí, y someto mi voluntad a la voluntad de Dios.

Capítulo 12

A SALVO DE LAS
MALDICIONES DE BELIAL

*"La senda de los justos se asemeja a los primeros
albores de la aurora: su esplendor va en aumento
hasta que el día alcanza su plenitud. Pero el
camino de los malvados es como la más densa oscuridad; ¡ni siquiera saben con qué tropiezan!*
—Proverbios 4:18-19

PADRE, QUE RECUERDE siempre las lecciones que nos
enseñas en Proverbios 10, que contrastan las bendiciones del justo con los castigos para el malvado. A
continuación tenemos tus promesas para los justos y tus
advertencias para los malvados:

(Nota: Comprométase a meditar cada día del mes
siguiente en una de las promesas o declaraciones de castigo,
adaptadas de Proverbios 10.)

1. El Señor no permitirá que el alma justa desfallezca, pero desecha el deseo del malvado.

2. Quien tiene mano holgazana será pobre, pero la mano del diligente produce riqueza.

3. Quien recoge en verano es hijo sabio. El que duerme durante la cosecha es un hijo que causa vergüenza.

4. Sobre la cabeza del justo hay bendiciones, pero la boca del malvado está cubierta por la violencia.

5. La memoria del justo es bendecida, pero el nombre del malvado se pudrirá.

6. Los de corazón sabio reciben mandamientos pero el necio caerá.

7. El que camina en la integridad camina seguro, pero el que pervierte sus caminos será expuesto a la luz.

8. El que guiña el ojo con malicia causa problemas, mas el necio caerá.

9. La boca del justo es manantial de vida, la boca del malvado encubre violencia.

10. El odio provoca peleas, pero el amor cubre todos los pecados.

11. La sabiduría está en labios de quien tienen entendimiento, pero para quien no quiere entender está reservada la vara.

12. El sabio acumula conocimiento, mas la boca del necio va a la destrucción.

13. La riqueza del rico es su fortaleza. La destrucción del pobre es su pobreza.

14. El trabajo del justo da vida. La paga del malvado lleva al pecado.

15. Quien guarda la instrucción camina a la vida, pero el que se niega a corregir sus caminos se perderá.

16. Quien esconde el odio miente, mas quien difunde injurias es necio.

17. En la multitud de las palabras no falta el pecado pero el sabio restringe sus dichos.

18. La lengua del justo es de plata. El corazón del malvado no vale nada.

19. Los labios del justo alimentan, mas el necio morirá porque le falta sabiduría.

20. Las bendiciones del Señor producen riqueza y Dios no les añadirá pena.

21. La maldad es diversión para el malvado. El hombre con entendimiento es sabio.

22. Lo que el malvado teme, eso le pasará y al justo, le vendrá lo que desea.

23. Cuando pase el huracán el malvado perecerá pero el justo tiene cimientos eternos.

24. Como vinagre para los dientes y como humo para los ojos, así es el holgazán para quienes lo emplean.

25. El temor al Señor prolonga la vida pero los años del malvado serán acortados.

26. La esperanza del justo será gozo mas la expectativa del malvado se desvanece.

27. El camino del Señor es fuerza para el justo pero para quien hace maldad, vendrá la destrucción.

28. El justo no tropezará jamás, mas el malvado no habitará la tierra.

29. La boca del justo produce sabiduría pero al malvado se le cortará la lengua.

30. Los labios del justo conocen lo que es aceptable mas la boca del malvado es perversa.

Los capítulos restantes de Proverbios contienen muchas más bendiciones opuestas a las maldiciones para el malvado. Como estudio bíblico adicional acerca de la justicia opuesta a la maldad, siga eligiendo un contraste cada día mientras enfoca su atención en el tema del versículo y la oración.